내신공략! 독해공략!

내공
중학영어독해

입문 2

DARAKWON

내공 중학영어독해 입문 ❷

지은이 Jake Gardner, 김유영, 류혜원
펴낸이 정규도
펴낸곳 (주)다락원

초판 1쇄 발행 2016년 10월 10일
초판 8쇄 발행 2023년 12월 14일

편집 서정아, 서민정
디자인 더페이지(www.bythepage.com)
영문 감수 Michael A. Putlack

📙**다락원** 경기도 파주시 문발로 211
내용문의 (02)736-2031 내선 503
구입문의 (02)736-2031 내선 250~252
Fax (02)732-2037
출판등록 1977년 9월 16일 제 406-2008-000007호

ISBN 978-89-277-0785-1 54740
      978-89-277-0783-7 54740 (set)

http://www.darakwon.co.kr
다락원 홈페이지를 방문하시면 상세한 출판정보와 함께
동영상강좌, MP3자료 등 다양한 어학 정보를 얻으실 수 있습니다.

내신공략! 독해공략!

내공
중학영어독해

입문2

🄳 DARAKWON

구성 및 특징

독해 지문 학습

Unit별로 다양한 주제의 지문 4개를 학습합니다.
레벨이 올라갈수록 지문의 주제와 내용도 점점
다양해집니다.

지문 정보 요약
지문의 주제, 단어 수, 난이도를
한눈에 확인할 수 있습니다.
(난이도 상 ★★★, 중 ★★☆, 하 ★☆☆)

GRAMMAR in Textbooks

Unit마다 각 학년별 교과서와 연계된 문법사항이
2개씩 수록되어 있습니다.

? Curiosity | 139 words

04 Rainbow

Have you ever wondered what's at the end of a rainbow?

A rainbow is quite a beautiful thing to see. It has many beautiful colors: red, green, blue, yellow, and more. In addition, some people say that there is one more color at the end of a rainbow: _____!

In an Irish folk tale, there are (a) fairies who look like little men. They wear green clothes and have long beards. They also collect pieces of gold and keep them in big pots. According to the folk tale, they hide their pots of gold at the ends of rainbows.

For (b) this reason, children often enjoy chasing rainbows to look for these pots of gold. Yet the children will never find ⓐ them because a rainbow does not have an end. A rainbow is not a thing that you can touch. If you move toward a rainbow, it will also move with you.

접속사 because ~ 때문에
We stayed home **because** it rained all day. 하루 종일 비가 왔기 때문에 우리는 집에 있었다.
Golf is difficult to play **because** the ball is very small. 골프는 공이 매우 작기 때문에 하기 어렵다.

18 내공 중학영어독해 입문 2

Unit별 주요 어휘 학습

Unit별 주요 어휘와 숙어를 한데 모아 제시했습니
다. 상단 QR코드 스캔 시 원어민 성우의 발음을 확
인해볼 수 있습니다.

Before Reading

1 글에서 (a) fairies에 관해 언급되지 않은 것은?

① 작은 성인 남자처럼 생겼다.
② 녹색 옷을 입고 있다.
③ 긴 수염이 있다.
④ 금을 모아 항아리에 보관한다.
⑤ 사람들을 금 항아리가 있는 곳으로 안내한다.

2 글의 밑줄 친 ⓐ them이 가리키는 것은?

① fairies ② colors ③ children
④ rainbows ⑤ pots of gold

3 글을 통해 유추할 수 있는 것은?

① A rainbow has eight colors.
② There is a pot of gold at the end of a rainbow.
③ You can get to the end of a rainbow if you run faster.
④ You can never reach the end of a rainbow.
⑤ You can touch a rainbow if you get close to it.

서술형
4 글의 빈칸에 알맞은 말을 글에서 찾아 쓰시오.

_____

서술형
5 글의 밑줄 친 (b) this reason이 의미하는 내용을 우리말로 쓰시오.

_____

Expand Your Knowledge

무지개의 색은 몇 개일까?

우리는 보통 무지개를 일곱 색깔이라고 알고 있다. 그러나 사실 무지개의 색깔은 무려 134색에서 207색까지 구분할 수 있다고 한다. 그렇다면 왜 우리는 무지개를 일곱 색깔로 알고 있을까? 무지개가 여러 색깔로 이뤄진 것을 과학적으로 밝혀낸 사람은 뉴턴이다. 그는 빛을 프리즘에 투과시키자 여러 색깔로 나누어지는 것을 보았으며, 그 색을 일곱 가지로 정했다. 하지만 국가와 문화권 마다 무지개 색깔을 보는 기준은 약간씩 차이가 있다.

After Reading

Workbook   Final Test

목차

내공 중학영어독해
내신 교과 과정 문법 연계표

입문 1·2

Unit	입문 1	교과 과정	입문 2	교과 과정
Unit 01	조동사 can	중1	주격보어로 쓰인 to부정사	중1, 중3
	There is/are	중1	접속사 because	중1
Unit 02	감각동사	중1	주어로 쓰인 동명사	중1, 중2
	비인칭주어 it	중1	enjoy+-ing	중1, 중2
Unit 03	현재진행형	중1	to부정사의 부사적 용법	중1, 중2
	명령문	중1	-thing/body/one+형용사	중2
Unit 04	조동사 will	중1	수여동사	중1
	조동사 may	중1	one ~ the other …	중1, 중2
Unit 05	과거 시제	중1	조동사 should	중1, 중2
	시간의 전치사	중1	call/name+A+B	중2
Unit 06	조동사 must	중1	have to/don't have to	중1, 중2
	make+목적어+형용사	중1, 중2	비교급+than	중1, 중2
Unit 07	want+to부정사	중1	the+최상급	중1, 중2
	접속사 when	중1	접속사 that	중1, 중2
Unit 08	빈도부사	중1	It ~ to부정사	중2
	부가의문문	중1, 중2	과거진행형	중2

Unit 01

01 Lucky Horseshoes!
행운의 편자
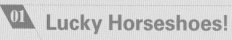

02 Litterati
나눔은 늘리고 쓰레기는 줄이고

03 Drinking Water
뇌도 수분 보충이 필요해

04 Rainbow
무지개 끝에는 뭐가 있을까?

GRAMMAR
in
Textbooks

· 주격보어로 쓰인 to부정사
Its goal is **to create** a litter-free world.

· 접속사 because
The children will never find them **because** a rainbow does not have an end.

Unit 01
Words & Phrases ❯ 중요 단어/숙어 미리 보기

01
Lucky Horseshoes!

• horseshoe	명 (말굽의) 편자	• iron	명 철
• lucky	형 행운의	• be made of	~로 만들어지다
• symbol	명 상징	• keep away	내쫓다
• believe in	~의 존재를 믿다	• hang	동 걸다
• damage	동 피해를 주다	• under	전 ~ 아래에
• farmer	명 농부	• the other way	반대로
• crop	명 농작물	• bowl	명 그릇, 사발
• steal	동 훔치다	• either way	어느 쪽이든
• be afraid of	~을 두려워하다		

02
Litterati

• look around	주위를 둘러보다	• goal	명 목표
• trash	명 쓰레기	• join	동 가입하다, 참여하다
• dirty	형 더러운, 지저분한	• a piece of	~ 한 조각, ~ 한 개
• bother	동 성가시게 하다	• take a picture	사진을 찍다
• ignore	동 무시하다	• post	동 올리다, 게시하다
• solve	동 해결하다	• more and more	점점 더 많은
• litter	명 쓰레기	• planet	명 행성; *지구

03
Drinking Water

• cell	명 세포	• affect	동 영향을 미치다
• remove	동 제거하다	• emotion	명 감정
• be made up of	~로 구성되다	• negative	형 부정적인
• shrink	동 줄어들다	• situation	명 상황
• information	명 정보	• normal	형 정상
• lack	명 부족, 결핍		

04
Rainbow

• Irish	형 아일랜드의	• pot	명 냄비; *항아리
• folk tale	명 설화, 전설	• hide	동 숨기다
• fairy	명 요정	• for this reason	이런 이유로
• clothes	명 옷	• chase	동 뒤쫓다
• beard	명 턱수염	• toward	전 ~을 향하여

영어는 우리말로, 우리말은 영어로 쓰시오. ▶단어/숙어 기본 연습

1	행운의	l_____	21	ignore	_____
2	symbol	_____	22	정보	i_____
3	iron	_____	23	해결하다	s_____
4	농작물	c_____	24	join	_____
5	걸다	h_____	25	planet	_____
6	under	_____	26	fairy	_____
7	그릇, 사발	b_____	27	상황	s_____
8	litter	_____	28	shrink	_____
9	더러운, 지저분한	d_____	29	부족, 결핍	l_____
10	chase	_____	30	affect	_____
11	cell	_____	31	horseshoe	_____
12	beard	_____	32	bother	_____
13	숨기다	h_____	33	냄비; 항아리	p_____
14	post	_____	34	damage	_____
15	농부	f_____	35	훔치다	s_____
16	목표	g_____	36	toward	_____
17	normal	_____	37	either way	_____
18	emotion	_____	38	look around	_____
19	옷	c_____	39	remove	_____
20	negative	_____	40	take a picture	_____

다음 우리말과 같도록 빈칸에 알맞은 말을 쓰시오. ▶문장 속 숙어 확인

1 My sister _____ _____ _____ dogs. 내 여동생은 개를 두려워한다.

2 The team _____ _____ _____ _____ six players. 그 팀은 여섯 명의 선수들로 구성되었다.

3 _____ _____ _____ foreigners are learning Korean. 점점 더 많은 외국인들이 한국어를 배우고 있다.

4 Cows use their tails to _____ _____ flies. 소들은 파리를 쫓아내기 위해 그들의 꼬리를 사용한다.

5 Do you _____ _____ ghost? 너는 유령이 있다고 믿니?

01 Lucky Horseshoes!

Do you know any
lucky symbols?

In Western culture, a horseshoe is a lucky thing. People usually put a horseshoe over their doors to bring good luck into their homes. How did a horseshoe become a symbol of good luck?

Hundreds of years ago, people believed in *evil spirits. They thought these spirits did terrible things such as stealing babies and damaging farmers' crops. These people believed that the spirits were afraid of iron. Horseshoes were made of iron. So, people used horseshoes to keep away the bad spirits.

① Some people think the round part should be on the top. ② That way, good luck falls on the people under it. ③ Others believe the horseshoe should be hung <u>the other way</u>, so it "catches" good luck like a bowl. ④ Either way, people believe a horseshoe can bring good luck to their homes. ⑤

*evil spirit 악령

1 글에 따르면, 편자가 행운의 상징이 된 이유는?

① 값비싼 물건이었기 때문에

② 말이 행운의 동물이었기 때문에

③ 말이 농사에 중요한 수단이었기 때문에

④ 요정의 신발과 비슷하다 여겼기 때문에

⑤ 악령이 철을 두려워한다고 믿었기 때문에

2 편자에 관한 글의 내용과 일치하면 T, 그렇지 않으면 F를 쓰시오.

(1) 주로 문 위쪽에 걸어두었다. _____

(2) 둥근 부분이 오른쪽이나 왼쪽을 향하도록 걸었다. _____

3 다음 문장이 들어갈 위치로 가장 알맞은 것은?

> There are different ideas about how to hang a horseshoe.

①   ②   ③   ④   ⑤

※ 서술형

4 Find the word in the passage which has the given meaning.

_____ : good and bad things caused by chance,
not by your own actions

※ 서술형

5 글의 밑줄 친 the other way가 의미하는 구체적인 내용을 우리말로 쓰시오.

_____

02 Litterati

Do you ever look around and see trash on the ground? It looks dirty, but it doesn't bother most people. They see it every day, and, over time, they learn to ignore it. Fortunately, SNS might solve this problem.

Jeff Kirschner hoped that people would see the litter around them. He started a campaign by using SNS. It is called Litterati, and its goal is to create a litter-free world. Joining Litterati is easy to do. First, find a piece of litter and take a picture of it. Then, post the picture on Instagram and add "#litterati." Finally, throw away the litter.

It is simple, but it works. More and more people are uploading pictures to the website. They want to show that they are trying to keep the planet clean.

5

10

GRAMMAR in Textbooks

7행 ▶ 주격보어로 쓰인 to부정사: to부정사는 be동사 뒤에서 주어의 내용이나 상태를 설명하는 주격보어의 역할을 할 수 있다. 이때 to부정사는 '~하는 것'으로 해석한다.

My dream <u>is **to be**</u> a scientist. 내 꿈은 과학자가 되는 것이다.

His plan <u>is **to swim**</u> across the river. 그의 계획은 그 강을 헤엄쳐 건너는 것이다.

1   What is the passage mainly about?

① A photo contest
② A team called Litterati
③ A life of an environmentalist
④ A way to share photos online
⑤ An SNS campaign to pick up litter

2   글을 읽고 Litterati에 관해 답할 수 <u>없는</u> 질문은?

① Who started Litterati?
② When did Litterati start?
③ What is the goal of Litterati?
④ What do people need to do to join Litterati?
⑤ Where do people upload their photos?

3   Litterati와 가장 잘 어울리는 속담은?

① Look before you leap.
② Don't cry over spilt milk.
③ Many drops make a shower.
④ A good medicine tastes bitter.
⑤ Too many cooks spoil the broth.

✅ *Summary* **Use the words in the box to fill in the blanks.**

litter	cleaner	SNS	throw away

Jeff Kirschner started a(n) _____ campaign to solve the _____
problem. It is called Litterati. To join it, find litter, take a photo, post it on Instagram,
and then _____ the litter. It is very simple, but it will keep the planet a lot
_____.

03 Drinking Water

Q How much water do you drink every day?

It is important to drink enough water every day. It helps your body make new cells and remove *toxins. Many people do not know it also helps your brain, though. Your brain is made up of 80 percent water. And when you do not drink enough water, your brain can actually shrink. 5

① What happens when your brain shrinks? ② First, it becomes hard to think clearly. ③ It also becomes difficult to remember facts and information. ④ You can get angry easily and have negative feelings about your situation. ⑤

The good news is that after a glass of water or two, your brain 10 quickly returns to normal. But make sure to drink enough water every day, and drink more when you exercise. That way, your brain will work better and faster.

*toxin 독소

1 글의 제목으로 가장 알맞은 것은?

① Best Foods for Your Brain
② Ways to Drink More Water
③ Drink Water to Stay Healthy
④ How to Improve Your Memory
⑤ Boost Your Brain by Drinking Water

2 글에서 뇌가 줄어들 때 나타나는 현상으로 언급되지 <u>않은</u> 것은?

① 명확히 생각하기가 어렵다.
② 기억력이 감소한다.
③ 빈혈이 발생하기 쉽다.
④ 쉽게 화가 난다.
⑤ 부정적인 감정이 든다.

3 다음 문장이 들어갈 위치로 가장 알맞은 곳은?

A lack of water in your brain affects your emotions, too.

①   ②   ③   ④   ⑤

※ 서술형

4 글의 밑줄 친 The good news가 의미하는 내용을 우리말로 쓰시오.

_____

04 Rainbow

Q

Have you ever wondered what's at the end of a rainbow?

A rainbow is quite a beautiful thing to see. It has many beautiful colors: red, green, blue, yellow, and more. In addition, some people say that there is one more color at the end of a rainbow: _____!

In an Irish folk tale, there are (a) <u>fairies</u> who look like little men. They wear green clothes and have long beards. They also collect pieces of gold and keep them in big pots. According to the folk tale, they hide their pots of gold at the ends of rainbows. 5

For (b) <u>this reason</u>, children often enjoy chasing rainbows to look for these pots of gold. Yet the children will never find ⓐ <u>them</u> because a rainbow does not have an end. A rainbow is not a thing that 10 you can touch. If you move toward a rainbow, it will also move with you.

GRAMMAR in Textbooks

10행 ▶ 접속사 because: ~ 때문에

We stayed home **because** it rained all day. 하루 종일 비가 왔기 때문에 우리는 집에 있었다.

Golf is difficult to play **because** the ball is very small. 골프는 공이 매우 작기 때문에 하기 어렵다.

1 글에서 (a) fairies에 관해 언급되지 <u>않은</u> 것은?

① 작은 성인 남자처럼 생겼다.

② 녹색 옷을 입고 있다.

③ 긴 수염이 있다.

④ 금을 모아 항아리에 보관한다.

⑤ 사람들을 금 항아리가 있는 곳으로 안내한다.

2 글의 밑줄 친 ⓐ them이 가리키는 것은?

① fairies
② colors
③ children
④ rainbows
⑤ pots of gold

3 글을 통해 유추할 수 있는 것은?

① A rainbow has eight colors.

② There is a pot of gold at the end of a rainbow.

③ You can get to the end of a rainbow if you run faster.

④ You can never reach the end of a rainbow.

⑤ You can touch a rainbow if you get close to it.

※ 서술형

4 글의 빈칸에 알맞은 말을 글에서 찾아 쓰시오.

_____

※ 서술형

5 글의 밑줄 친 (b) this reason이 의미하는 내용을 우리말로 쓰시오.

_____

> *Expand Your*
> **Knowledge**
>
> **무지개의 색은 몇 개일까?**
>
> 우리는 보통 무지개를 일곱 색깔이라고 알고 있다. 그러나 사실 무지개의 색깔은 무려 134색에서 207색까지 구분할 수 있다고 한다. 그렇다면 왜 우리는 무지개를 일곱 색깔로 알고 있을까? 무지개가 여러 색깔로 이뤄진 것을 과학적으로 밝혀낸 사람은 뉴턴이다. 그는 빛을 프리즘에 투과시키자 여러 색깔로 나누어지는 것을 보았으며, 그 색을 일곱 가지로 정했다. 하지만 국가와 문화권 마다 무지개 색깔을 보는 기준은 약간씩 차이가 있다.

focus On Sentences

❯ 중요 문장 다시 보기

A 다음 문장을 밑줄 친 부분에 유의하여 우리말로 해석하시오.

1 There are different ideas about <u>how to hang</u> a horseshoe.

_____

2 Its goal is <u>to create</u> a litter-free world.

_____

3 <u>More and more</u> people are uploading pictures to the website.

_____

4 <u>Make sure</u> to drink enough water every day.

_____

B 우리말과 같은 뜻이 되도록 주어진 말을 바르게 배열하시오.

1 사람들은 보통 그들 집에 행운을 가져오기 위해 문 위에 편자를 둔다.

People usually put a horseshoe over their doors to _____.
(bring, good, homes, into, luck, their)

2 그 다음에, 그 사진을 인스타그램에 올리고 "#litterati"를 덧붙여라.

Then, _____ and add "#litterati."
(post, Instagram, picture, on, the)

3 그들은 자신들이 지구를 깨끗하게 유지하기 위해 노력하고 있다는 것을 보여주고 싶어한다.

They want to show that they are trying to _____.
(planet, clean, keep, the)

C 우리말과 같은 뜻이 되도록 빈칸에 알맞은 말을 쓰시오.

1 이 사람들은 그 영혼들이 철을 두려워한다고 믿었다.

These people believed that the spirits _____ _____ _____ iron.

2 그래서 사람들은 나쁜 영혼들을 내쫓기 위해 편자를 사용했다.

So, people used horseshoes to _____ _____ the bad spirits.

3 당신의 뇌는 80퍼센트의 물로 구성되어 있다.

Your brain _____ _____ _____ _____ 80 percent water.

Unit 02

GRAMMAR in Textbooks

· 주어로 쓰인 동명사
Eating spicy food causes pain in our mouths.

· enjoy+-ing
They **enjoy singing** and **dancing**, too.

05
The Dodo Bird

• die out	멸종되다	• destroy	동 파괴하다
• disappear	동 사라지다	• build	동 짓다
• last	형 마지막의	• hunt	동 사냥하다
• island	명 섬	• catch	동 잡다
• century	명 세기	• within	전 ~ 이내에
• sailor	명 선원		

06
Spicy Food

• spicy	형 매운	• cause	동 야기하다
• sure	형 확신하는	• pain	명 고통
• a couple of	두 개의	• mouth	명 입
• pleasure	명 기쁨; 쾌락	• interestingly	부 흥미롭게도
• release	동 방출하다	• sense	동 감지하다
• such	형 그런	• trick sb into -ing	~을 속여서 …하게 하다

07
Not CGI!

• director	명 감독	• smash	동 충돌시키다
• traditional	형 전통적인	• latest	형 최신의
• special effect	명 특수 효과	• model	명 모형
• expert	명 전문가 형 숙련된	• puppet	명 인형
• train	동 훈련하다	• stunt	명 스턴트, 곡예
• accident	명 사고	• cartoon	명 만화
• explosion	명 폭발		

08
The Monkey Buffet Festival

• festival	명 축제	• dress	동 옷을 입다
• take place	개최되다, 열리다	• mask	명 가면
• vegetable	명 야채	• fortune	명 운
• dessert	명 디저트, 후식	• it is no surprise (that)	~은 놀라운 일이 아니다
• temple	명 절, 사원	• major	형 주요한
• boost	동 북돋우다	• fearless	형 두려움을 모르는
• tourism	명 관광(업)	• keep an eye on	~을 계속 지켜보다

영어는 우리말로, 우리말은 영어로 쓰시오. ▶ 단어/숙어 기본 연습

1	die out	_____	21	expert	_____
2	last	_____	22	disappear	_____
3	섬	i_____	23	파괴하다	d_____
4	interestingly	_____	24	pleasure	_____
5	catch	_____	25	fearless	_____
6	sailor	_____	26	감독	d_____
7	latest	_____	27	입	m_____
8	sure	_____	28	spicy	_____
9	cartoon	_____	29	within	_____
10	축제	f_____	30	감지하다	s_____
11	century	_____	31	traditional	_____
12	release	_____	32	special effect	_____
13	훈련하다	t_____	33	explosion	_____
14	accident	_____	34	절, 사원	t_____
15	야채	v_____	35	boost	_____
16	dessert	_____	36	옷을 입다	d_____
17	짓다	b_____	37	major	_____
18	사냥하다	h_____	38	tourism	_____
19	모형	m_____	39	가면	m_____
20	puppet	_____	40	fortune	_____

다음 우리말과 같도록 빈칸에 알맞은 말을 쓰시오. ▶ 문장 속 숙어 확인

1 Why did dinosaurs _____ _____? 공룡들은 왜 멸종했나요?

2 We spend _____ _____ _____ weeks on the island.
우리는 그 섬에서 2주 정도 시간을 보냈다.

3 The party will _____ _____ at Jack's house.
파티는 Jack의 집에서 열릴 것이다.

4 You must _____ _____ _____ _____ the ball.
너는 공을 계속 지켜봐야 한다.

5 It is _____ _____ that he quit the job.
그가 그 일을 그만두었다는 것은 놀라운 일이 아니다.

05 The Dodo Bird

Why are some animals disappearing?

Animals die out for many reasons. One bird is famous because it disappeared so fast. This bird is called the dodo, and the last one died in 1681.

Dodo birds lived on the island of Mauritius in Africa. They were first discovered in the 16th century by *Portuguese and *Dutch sailors. (a) The sailors destroyed the forest to build their homes. (b) They also hunted dodos for food. (c) The birds were easy to catch because they did not fly and were not afraid of humans. (d) In addition, the sailors brought new animals, such as dogs and pigs, to the island. (e) Many people have dogs as pets. These animals hunted dodos and ate their eggs, too.

Within one hundred years, all the dodos disappeared. Humans and other animals killed them all.

*Portuguese 포르투갈의
*Dutch 네덜란드의

1 글을 읽고 답할 수 <u>없는</u> 질문은?

① Where did the dodo live?

② When did the last dodo die?

③ What did the dodo look like?

④ Who first discovered the dodo bird?

⑤ When was the dodo first discovered?

2 글에 따르면, 도도새가 멸종된 주된 이유는?

① 전쟁   ② 기후 변화

③ 인간 활동   ④ 자연 재해

⑤ 질병의 확산

3 글의 (a)~(e) 중, 전체 흐름과 관계 <u>없는</u> 문장은?

① (a)   ② (b)   ③ (c)   ④ (d)   ⑤ (e)

서술형

4 글의 내용과 일치하도록 다음 질문에 답하시오.

Q: Why the dodo birds were easy to catch?

A: Because _____

☑ *Summary* **Use the words in the box to fill in the blanks.**

food	eggs	last dodo	sailors

The dodo birds lived on Mauritius. In 16th century, Portuguese and Dutch

_____ first discovered the birds. Unfortunately, the sailors destroyed the

forest and hunted them for _____. The animals humans brought to the

island also hunted them and ate their _____. Finally, the _____

died in 1681.

06 Spicy Food

Do you enjoy spicy food?

Human beings are the only animals that like spicy food. It seems strange to enjoy something painful. For a long time, scientists were not sure why we did. Recently, they found a couple of reasons.

Spicy food gives us pleasure. In our brains, there is a *chemical called *dopamine. This chemical makes us feel happy. (A) It also makes us want to eat spicy food again and again. (B) When we eat spicy food, our brains release dopamine. (C) This makes us enjoy eating such food.

There is another reason we like to eat spicy food. Eating spicy food causes pain in our mouths. Interestingly, our brains sense pleasure and pain in almost the same way. Therefore, eating spicy food tricks us into feeling pleasure while we actually feel _____.

5

10

*chemical 화학물질
*dopamine 도파민(신경 전달물질의 하나)

GRAMMAR in Textbooks

9행 ▶ 주어로 쓰인 동명사: 동명사는 동사를 명사처럼 사용하기 위해 동사에 '-ing'를 붙인 형태로, '~하는 것, ~하기'를 의미한다. 이러한 동명사는 문장의 주어로 쓰일 수 있다.

Smoking is bad for your health. 흡연은 건강에 해롭다.
Driving in the city can be stressful. 도시에서 운전하는 것은 스트레스를 줄 수 있다.

1   What is the passage mainly about?

① Why people like spicy food

② The bad effects of spicy food

③ How food affects our moods

④ Foods that are good for stress

⑤ The world's most popular spicy food

2   (A)~(C)를 글의 흐름에 알맞게 배열한 것은?

① (A)-(B)-(C)　　　　　　② (A)-(C)-(B)

③ (B)-(A)-(C)　　　　　　④ (B)-(C)-(A)

⑤ (C)-(B)-(A)

3   글에서 매운 음식을 먹을 때 나타나는 현상으로 언급된 것은? (2개)

① You lose weight.

② Your body gets warm.

③ You can have stomachache.

④ You feel pain in your mouth.

⑤ Your brain releases a chemical.

※   서술형

4   글의 내용과 일치하도록 다음 질문에 답하시오.

Q: How do we feel when dopamine is released?

A: We feel _____ .

※   서술형

5   글의 빈칸에 알맞은 말을 글에서 찾아 쓰시오.

_____

07 Not CGI!

Q Do you like action or SF movies?

Nowadays, more and more movies use *CGI. But some directors still like to use traditional methods to make their special effects.

① In the movie *Mad Max*, expert drivers trained for months to make big jumps and car accidents. ② They also made real explosions with gas. ③ They did not use computers to make any of those effects. ④ The latest *Star Wars* movie also used models and puppets instead of computer graphics. ⑤

Real stunts can be very expensive and dangerous to do. Why don't these directors use CGI? The director of *Mad Max* says that computer graphics do not look _____. They look like cartoons. The director of *Star Wars* also had a good reason. The original movies actually used models and puppets. So the director wanted people to remember them.

*CGI (computer-generated imagery)
컴퓨터 생성 이미지

1 글의 주제로 가장 알맞은 것은?

① CGI의 역사

② 초창기 CGI 영화들

③ CGI 기술의 눈부신 발전

④ CGI를 사용한 인기 있는 영화들

⑤ CGI 대신 전통적인 방법을 사용한 영화들

2 영화 *Star Wars*에 관한 글의 내용과 일치하면 T, 그렇지 않으면 F를 쓰시오.

⑴ 최신작에서 CGI 대신 모형과 인형을 사용했다. _____

⑵ 전편들에서는 주로 CGI를 사용했다. _____

3 다음 문장이 들어갈 위치로 가장 알맞은 것은?

> Then, they really smashed their cars while filming the movie.

①   ②   ③   ④   ⑤

※ 서술형

4 글의 빈칸에 알맞은 말을 글에서 찾아 쓰시오.

_____

※ 서술형

5 Find the word in the passage which has the given meaning.

_____ : a person who tells the actors what to do in
a film or play

08 The Monkey Buffet Festival

Is there any interesting festival in your country?

There is an interesting festival in the city of Lopburi, Thailand. It is the Monkey Buffet Festival. It takes place every year on the last Sunday of November. The people of Lopburi put fruits, vegetables, and desserts around the temples for monkeys. This festival started in 1989 to boost tourism.

For this festival, young people dress like monkeys and wear masks on their faces. ⓐ They enjoy singing and dancing, too. The people of Thailand believe that monkeys bring good fortune. It is no surprise that they have a festival for monkeys.

Nowadays, the festival has become a major tourist event.

Tourists from all over the world come to see it. But remember that the monkeys are fearless. ⓑ They often steal bags, hats, and food from tourists. If you want to go to the Monkey Buffet Festival, you will need to keep an eye on your things all the time.

5

10

15

GRAMMAR in Textbooks

7행 ▶ enjoy + -ing: '~하는 것을 즐기다'라고 표현할 때 enjoy 동사 뒤에 동명사가 온다. 이 외에도 동명사를 목적어로 취하는 동사에는 finish, keep, mind, love, like 등이 있다.

You should **keep studying** French. 너는 불어를 계속 공부해야 한다.

Why do you **love listening** to K-pop? 너는 왜 케이팝 듣는 것을 좋아하니?

1 원숭이 뷔페 축제에 관한 글의 내용과 일치하지 <u>않는</u> 것은?

① 태국 롭부리에서 개최된다.

② 원숭이들의 공연이 곳곳에서 열린다.

③ 축제일은 매년 11월 마지막 주 일요일이다.

④ 원숭이처럼 옷을 입거나 가면을 쓰기도 한다.

⑤ 오늘날 태국의 주요 관광행사로 자리잡았다.

2 다음 문장의 빈칸에 들어갈 말로 가장 알맞은 것은?

> Monkeys are considered to be _____ in Thailand.

① pets   ② smart   ③ a problem

④ dangerous   ⑤ good luck

3 글에서 관광객들의 주의사항으로 언급된 것은?

① 소지품 잘 챙기기   ② 사원에 예배 드리기

③ 축제 의상 착용하기   ④ 원숭이 만지지 않기

⑤ 참가 신청 예약하기

※ 서술형

4 글의 내용과 일치하도록 다음 질문에 답하시오.

Q: Why did the festival start?

A: It started to _____.

※ 서술형

5 글의 밑줄 친 ⓐ와 ⓑ가 가리키는 것을 찾아 쓰시오.

ⓐ _____   ⓑ _____

Expand Your
Knowledge

태국의 원숭이

태국의 건국 서사시인 '라마끼엔 (Ramakien)' 이야기에는 원숭이가 등장한다. 라마끼엔은 라마 왕의 아내 씨다가 악마 톳싸칸에게 납치되면서 벌어지는 이야기이다. 라마는 납치된 아내를 구출하는 과정에서 원숭이 하누만의 도움을 받는다. 이러한 이유로 태국 사람들은 원숭이가 도움을 주고 행운을 가져다 준다는 믿음을 갖기 시작했다. 특히 롭부리 지역 주민들은 원숭이들을 왕의 군대이자 수호신으로 여기고 있으며, 원숭이에게 음식을 주면 극락에 간다는 믿음을 가지고 있다.

focus On Sentences

› 중요 문장 다시 보기

A 다음 문장을 밑줄 친 부분에 유의하여 우리말로 해석하시오.

1 The birds were easy to catch.

_____

2 Eating spicy food causes pain in our mouths.

_____

3 Then, they really smashed their cars while filming the movie.

_____

4 They enjoy singing and dancing, too

_____

B 우리말과 같은 뜻이 되도록 주어진 말을 바르게 배열하시오.

1 고통스러운 것을 즐기는 것은 이상해 보인다.

It seems strange to _____.
(enjoy, painful, something)

2 매운 음식을 먹는 것은 우리를 속여 기쁨을 느끼게 한다.

Eating spicy food _____.
(tricks, pleasure, feeling, us, into)

3 그 감독은 사람들이 그것들을 기억하기를 원했다.

So the director _____.
(wanted, remember, people, to, them)

C 우리말과 같은 뜻이 되도록 빈칸에 알맞은 말을 쓰시오.

1 그것은 매년 11월 마지막 일요일에 개최된다.

It _____ _____ every year on the last Sunday of November.

2 그들이 원숭이들을 위해 축제를 여는 것은 놀라운 일이 아니다.

_____ _____ _____ that they have a

festival for monkeys.

3 당신은 항상 당신의 물건을 계속 지켜봐야 할 것이다.

You will need to _____ _____ _____ _____

your things all the time.

Unit 03

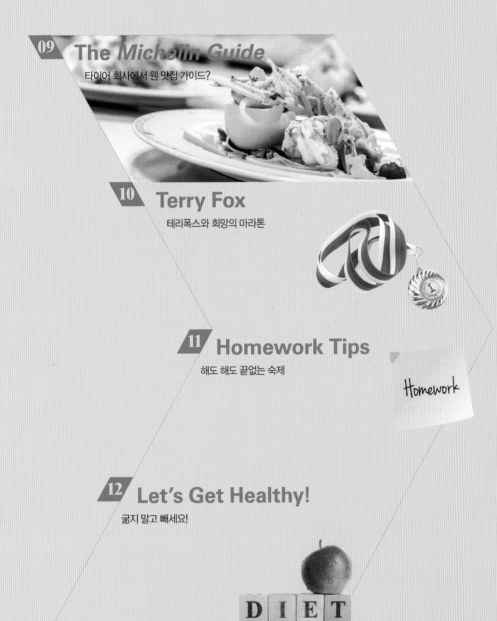

GRAMMAR
in
Textbooks

· to부정사의 부사적 용법
Doctors cut off his right leg **to save** his life.

· -thing/body/one+형용사
Instead of eating **something sweet and unhealthy**, carrot sticks or dried fruit are great choices.

Unit 03
Words & Phrases ❯ 중요 단어/숙어 미리 보기

09
The *Michelin* Guide

• company	몡 회사	• visit	통 방문하다
• publish	통 출판하다	• secret	몡 비밀
• rate	통 등급을 매기다	• language	몡 언어
• excellent	혱 훌륭한	• customer	몡 고객
• extra	혱 추가의 문 *더	• for free	무료로

10
Terry Fox

• young	혱 젊은	• run across	횡단하다
• active	혱 활동적인	• raise	통 모으다
• cancer	몡 암	• research	몡 연구
• cut off	절단하다	• practice	통 연습하다
• save one's life	~의 생명을 구하다	• marathon	몡 마라톤
• lose	통 잃다	• inspire	통 영감을 주다
• recover	통 회복하다	• national	혱 국가의, 국민적인
• decide to	~하기로 결심하다	• hero	몡 영웅

11
Homework Tips

• tip	몡 조언	• quiet	혱 조용한
• succeed	통 성공하다	• draw one's attention away from	~로부터 주의를 빼앗다
• supplies	몡 준비물		
• container	몡 통, 용기	• schoolwork	몡 학업, 학교 공부
• basket	몡 바구니	• snack	몡 간식
• waste time -ing	~하는데 시간을 낭비하다	• take a break	잠시 휴식을 취하다
• eraser	몡 지우개	• focus on	~에 집중하다
• calculator	몡 계산기		

12
Let's Get Healthy!

• sweet	혱 달콤한, 단	• tasty	혱 맛있는
• fatty	혱 지방이 많은	• diet	몡 식사, 식습관
• gain weight	살찌다	• go for	~을 택하다
• prepare	통 준비하다	• lose weight	살이 빠지다
• replace	통 대신하다	• steadily	문 꾸준히
• usual	혱 보통의	• slim	혱 날씬한
• unhealthy	혱 건강하지 않은; *건강에 해로운		

A 영어는 우리말로, 우리말은 영어로 쓰시오. ▶단어/숙어 기본 연습

1	회사	c_____	21	raise	_____
2	tasty	_____	22	바구니	b_____
3	quiet	_____	23	unhealthy	_____
4	방문하다	v_____	24	학업, 학교 공부	s_____
5	cancer	_____	25	replace	_____
6	eraser	_____	26	연습하다	p_____
7	tip	_____	27	supplies	_____
8	calculator	_____	28	usual	_____
9	젊은	y_____	29	국가의, 국민적인	n_____
10	달콤한, 단	s_____	30	container	_____
11	prepare	_____	31	추가의; 더	e_____
12	inspire	_____	32	publish	_____
13	language	_____	33	fatty	_____
14	잃다	l_____	34	날씬한	s_____
15	excellent	_____	35	diet	_____
16	영웅	h_____	36	marathon	_____
17	steadily	_____	37	활동적인	a_____
18	비밀	s_____	38	성공하다	s_____
19	rate	_____	39	recover	_____
20	snack	_____	40	customer	_____

B 다음 우리말과 같도록 빈칸에 알맞은 말을 쓰시오. ▶문장 속 숙어 확인

1 Let's _____ _____ _____ and have lunch. 잠시 쉬고 점심을 먹자.

2 I think I will _____ _____ fruit salad for dinner.
   나는 저녁으로 과일 샐러드를 택해야겠어.

3 Jennifer exercises every day to _____ _____.
   Jennifer는 살을 빼기 위해 매일 운동한다.

4 Don't _____ _____ _____ computer games.
   컴퓨터 게임 하느라 시간을 낭비하지 마라.

5 People over 65 can use the subway _____ _____.
   65세 이상은 지하철을 무료로 이용할 수 있다.

The *Michelin Guide*

Do you often read restaurant reviews before eating out?

Michelin is a company from France. Every year, it publishes books called *Michelin Guides*. ① These books review restaurants. ② They use stars to rate the restaurants. ③ One star means the restaurant is very good. ④ Two stars mean the restaurant is excellent. ⑤ Three stars mean the restaurant is extra special.

A group of people from Michelin visit restaurants and review the food. These people do not tell anyone that they are reviewers. Their job is a secret. *Michelin Guides* are sold in many countries. The books are published in the language of each country.

Many people think of car tires when they hear the name Michelin. It is the same company. In 1900, the company made the first *Michelin Guide*. It gave the books to its customers for free. Now, the *Michelin Guide* is one of the most famous restaurant guides in the world.

1 다음 문장이 들어갈 위치로 가장 알맞은 곳은?

> They give one, two, or three stars.

①   ②   ③   ④   ⑤

2 According to the passage, who rates the restaurants?

① chefs   ② reporters

③ customers   ④ the CEO of Michelin

⑤ the reviewers from Michelin

3 미슐랭 가이드에 관한 글의 내용과 일치하지 <u>않는</u> 것은?

① 레스토랑을 평가한다.

② 여러 나라에서 발간된다.

③ 프랑스어로 되어있다.

④ 1900년에 처음 만들어졌다.

⑤ 발간 당시에는 무료로 배포되었다.

※ 서술형

4 글의 내용과 일치하도록 다음 질문에 답하시오.

Q: What kind of company is Michelin?

A: The company sells _____.

※ 서술형

5 다음 빈칸에 알맞은 단어를 글에서 찾아 쓰시오.

> If a restaurant receives two stars, it means the restaurant is
> _____.

10 Terry Fox

Q

Do you have any favorite sports heroes?

Terry Fox was a young active man. He played many sports in high school. When he was 18, he got cancer. Doctors cut off his right leg to save his life. Fox lost his leg, but he never lost hope.

While he was recovering, he decided to run across Canada. He wanted to raise money for cancer research. For many months, he practiced running on his *artificial leg. Then, on April 12, 1980, he started his Marathon of Hope in St. John's in Eastern Canada. He ran about 40 kilometers a day.

Fox ran 5,373 kilometers in 143 days. He raised 1.7 million dollars. He wanted to finish his run, but his cancer came back. He ended his marathon near Thunder Bay, Ontario. Nine months later, Fox died. He was only 22 years old. He inspired many people. Now, he is a national hero in Canada.

5

10

*artificial leg 의족

GRAMMAR in Textbooks

3행 ▶ to부정사의 부사적 용법: to부정사가 부사처럼 쓰이면 목적(~하기 위해서), 감정의 원인(~해서), 결과(결국 ~하다) 등 다양한 의미를 나타낼 수 있다.

She went to Italy **to study** music. 그녀는 음악을 공부하기 위해 이탈리아에 갔다. (목적)
I'm so happy **to hear** the news. 그 소식을 들어서 매우 기쁘다. (감정의 원인)
He grew up **to be** a singer. 그는 자라서 가수가 되었다. (결과)

1 Terry Fox에 관한 글의 내용과 일치하면 T, 그렇지 않으면 F를 쓰시오.

(1) 암으로 한쪽 다리를 잃었다.　　　　　　　＿＿＿＿＿＿＿

(2) 희망의 마라톤을 완주하는데 성공했다.　＿＿＿＿＿＿＿

2 글을 읽고 답할 수 <u>없는</u> 질문은?

① When did Terry Fox start his run?

② How many days did Terry Fox run?

③ How old was Terry Fox when he died?

④ What kind of cancer did Terry Fox get?

⑤ How much did Terry Fox raise on the run?

※ 서술형

3 글의 내용과 일치하도록 다음 질문에 답하시오.

Q: Why did Terry Fox run across Canada?

A: He did it to ＿＿＿＿＿＿＿＿＿＿＿＿＿＿＿＿＿＿＿＿.

> **Expand Your Knowledge**
>
> **테리폭스 달리기 대회** (Terry Fox Run)
>
> 테리폭스 달리기 대회는 세계에서 가장 큰 암 연구 자선 운동 중 하나이다. 암 투병 중에 캐나다 횡단 마라톤을 하다 사망한 테리폭스의 이름을 따서 만들어졌다. 수만 명이 참석하는 이 대회는 다른 경기들과 달리 기록이나 우승자가 없으며, 즐거운 참여와 암 연구를 위한 모금이 이 대회의 목적이다. 1981년부터 매년 60개국 이상에서 개최되고 있으며, 현재까지도 암 연구의 필요성을 대중에 알리고자 했던 테리폭스의 정신을 잘 이어가고 있다.

✅ *Summary* **Use the words in the box to fill in the blanks.**

greatest	his leg	cancer	Marathon of Hope

Terry Fox lost ＿＿＿＿＿＿ to cancer. So he decided to run across Canada to help people with ＿＿＿＿＿＿. In April of 1980, he started his ＿＿＿＿＿＿. His run lasted for 143 days. However, his cancer came back, and he had to stop his run. Now, he is one of the ＿＿＿＿＿＿ Canadians.

11 Homework Tips

Do you have a lot of homework in school?

Do you want to _____?
Here are some tips to help you succeed.

(a) First, make sure you have all of your supplies. (b) You should keep everything that you need in a container. (c) You can use a basket or a box. 5
(d) This way, you won't waste time looking for a pencil, an eraser, or a calculator. (e) Some people use the calculators on their phones.

Your study place can also affect how quickly you do your homework. Make sure it is quiet and clean and will not *distract you. Smartphones and televisions can draw your attention away from your 10 schoolwork. Being distracted can add hours to your study time.

Lastly, have a snack before you start working. That way, you will not take a break to go to the kitchen for something to eat. In addition, when you are hungry, it can be more difficult to focus on your study. 15

*distract 산만하게 하다

1 글의 빈칸에 들어갈 말로 가장 알맞은 것은?

① have less homework
② avoid homework stress
③ manage your time wisely
④ get good grades in school
⑤ finish your homework faster

2 글의 (a)~(e) 중, 전체 흐름과 관계 <u>없는</u> 문장은?

① (a) ② (b) ③ (c) ④ (d) ⑤ (e)

3 글의 밑줄 친 some tips에 해당하는 것을 모두 고르시오.

① 방과 후 바로 숙제를 하라.
② 필요한 것을 한 곳에 보관하라.
③ 숙제 도우미 앱을 활용하라.
④ 스마트폰이나 TV를 보지 마라.
⑤ 숙제 하기 전에 간식을 먹어라.

※ 서술형

4 Find the word in the passage which has the given meaning.

_____: a short period of time when you stop
working to rest or eat

12 Let's Get Healthy!

Have you ever
gone on a diet?

Nowadays, there is a lot of junk food around us. But eating too much sweet or fatty food can make you gain weight. Such food has many calories.

If you want to stop eating junk food, prepare <u>some healthy food</u> to replace your usual snacks. 달고 건강에 좋지 않은 것을 먹는 대신에, carrot sticks or dried fruit are great choices. They are tasty and good for you.

Planning meals is another great way to change your diet. When you have no plans and become hungry, you might choose a fast-food meal. If you have a plan for your next meal, maybe you will not go for junk food.

By using these two simple tips, you can lose weight slowly and steadily. You will have a slim body soon!

GRAMMAR in Textbooks

5행 ▶ -thing/body/one + 형용사: -thing/body/one으로 끝나는 명사는 형용사가 뒤에서 수식한다.
Can you get me **something** cool? 시원한 것을 좀 갖다 주시겠어요?
There is **nothing** special in his paintings. 그의 그림들에는 특별한 것이 없다.
Do you know **anyone** tall and slim? 키가 크고 날씬한 사람을 알고 있니?

1 글의 요지로 가장 알맞은 것은?

① 운동은 살을 빼는 최고의 방법이다.

② 식습관을 바꿈으로써 살을 뺄 수 있다.

③ 정크푸드는 건강에는 나쁘지만 맛은 좋다.

④ 살을 지나치게 빼는 것은 건강에 좋지 않다.

⑤ 오늘날 사람들은 정크푸드를 너무 많이 먹는다.

2 According to the passage, why should you plan your meals?

① to reduce food waste

② to save money on food

③ to reduce cooking stress

④ to avoid eating fast food

⑤ to save time in the kitchen

3 다음 중 이 글의 조언을 가장 잘 따르는 사람은?

① Ann never eats snacks between meals.

② Tom often drinks sodas and fruit juice.

③ Linda usually eats out on the weekend.

④ John eats some chocolate if he feels tired.

⑤ Mike eats some fruits or nuts if he is hungry.

》 서술형
4 글의 밑줄 친 some healthy food의 예로 언급된 것을 찾아 쓰시오.

_____ , _____

》 서술형
5 밑줄 친 우리말과 같은 뜻이 되도록 주어진 단어를 바르게 배열하시오.

(sweet, unhealthy, and, something)

Instead of eating _____

focus On Sentences

› 중요 문장 다시 보기

A 다음 문장을 밑줄 친 부분에 유의하여 우리말로 해석하시오.

1 Doctors cut off his right leg <u>to save his life</u>.

_____

2 Here are some tips <u>to help you succeed</u>.

_____

3 <u>Make sure</u> you have all of your supplies.

_____

4 Instead of eating <u>something sweet and unhealthy</u>, carrot sticks or dried fruit are great choices.

_____

B 우리말과 같은 뜻이 되도록 주어진 말을 바르게 배열하시오.

1 미슐랭 가이드는 세계에서 가장 유명한 식당 안내서들 중 하나이다.

The *Michelin Guide* is _____ in the world.　(one, famous, most, restaurant guides, the, of)

2 당신의 학습 장소 또한 당신이 얼마나 빨리 숙제를 하는지에 영향을 미칠 수 있다.

Your study place can also affect _____.
(quickly, you, homework, do, how, your)

3 스마트폰과 텔레비전은 당신의 학업으로부터 주위를 빼앗을 수 있다.

Smartphones and televisions can _____.
(your attention, draw, your schoolwork, from, away)

C 우리말과 같은 뜻이 되도록 빈칸에 알맞은 말을 쓰시오.

1 회복하고 있는 동안, 그는 캐나다를 횡단하기로 결심했다.

While he was recovering, he _____ _____ run across Canada.

2 여러 달 동안, 그는 의족을 하고 달리는 연습을 했다.

For many months, he _____ _____ on his artificial leg.

3 당신은 연필, 지우개, 또는 계산기를 찾느라 시간을 낭비하지 않을 것이다.

You won't _____ _____ _____ _____ a pencil, an eraser, or a calculator.

Unit **04**

GRAMMAR
in
Textbooks

· 수여동사

Instead, the plant **gives ants sugar**, so the ants protect the plant.

· one ~ the other …

One thought of the idea, and **the other** improved it.

13 Urban Mining

• electronics	몡 전자제품	• part	몡 부분; *부품
• broken	혱 고장난	• be covered with	~로 덮이다
• process	몡 과정	• thin	혱 얇은
• precious	혱 귀중한	• remove	통 제거하다
• metal	몡 금속	• fall off	~에서 떨어지다
• waste	몡 쓰레기	• melt	통 녹이다
• take out	꺼내다	• cool down	식다

14 Sweet Plants

• plant	몡 식물	• hurt	통 해치다
• insect	몡 곤충	• relationship	몡 관계
• protect	통 보호하다	• both A and B	A와 B 둘 다
• produce	통 생산하다	• army	몡 군대
• leaf	몡 잎	• tiny	혱 아주 작은
• ant	몡 개미	• security guard	몡 경비원, 경호원

15 Memories

• memory	몡 기억	• shock	통 충격을 주다
• hate	통 싫어하다	• foot	몡 발 (*pl.* feet)
• dream about	~을 꿈꾸다	• scared	혱 무서운
• erase	통 지우다	• receive	통 받다
• reality	몡 현실	• normally	붐 보통; *정상적으로
• drug	몡 약	• forget	통 잊다
• mouse	몡 쥐, 생쥐 (*pl.* mice)	• replace A with B	A를 B로 대신하다
• noise	몡 소리, 소음	• positive	혱 긍정적인

16 Windshield Wipers

• be used to-v	~하기 위해 사용되다	• rubber blade	고무 날
• especially	붐 특히	• wipe	통 닦다
• improve	통 개선하다	• operate	통 작동하다
• invent	통 발명하다	• stick	몡 막대기
• during	전 ~ 동안	• automatic	혱 자동의
• swinging	혱 (전후·좌우로) 흔들리는		

영어는 우리말로, 우리말은 영어로 쓰시오. ▶ 단어/숙어 기본 연습

1	during	_____	21 기억	m_____
2	remove	_____	22 process	_____
3	part	_____	23 발	f_____
4	소리, 소음	n_____	24 especially	_____
5	army	_____	25 drug	_____
6	melt	_____	26 wipe	_____
7	잊다	f_____	27 electronics	_____
8	reality	_____	28 쓰레기	w_____
9	precious	_____	29 tiny	_____
10	broken	_____	30 식물	p_____
11	얇은	t_____	31 지우다	e_____
12	긍정적인	p_____	32 insect	_____
13	leaf	_____	33 relationship	_____
14	해치다	h_____	34 operate	_____
15	stick	_____	35 automatic	_____
16	normally	_____	36 쥐, 생쥐	m_____
17	싫어하다	h_____	37 발명하다	i_____
18	개선하다	i_____	38 금속	m_____
19	receive	_____	39 protect	_____
20	충격을 주다	s_____	40 scared	_____

B 다음 우리말과 같도록 빈칸에 알맞은 말을 쓰시오. ▶ 문장 속 숙어 확인

1 The mountain _____ _____ _____ ice and snow.
그 산은 얼음과 눈으로 덮여있다.

2 Try to _____ old habits _____ new ones. 낡은 습관을 새로운 것으로 대신해보세요.

3 The fruit will _____ _____ _____ decorate cakes.
그 과일은 케이크들을 장식하기 위해 사용될 것이다.

4 The game is popular with _____ men _____ women.
그 게임은 남자들과 여자들 모두에게 인기가 있다.

5 Put the eggs in the cold water to _____ _____.
달걀들을 식히기 위해 찬물에 넣어두세요.

13 Urban Mining

How can we recycle electronic waste?

Did you know that electronics have gold inside? Some people collect old, broken electronics to find the gold. This is called "*urban mining." It is the process of getting gold and precious metals from electronic waste. So, how can you get gold from electronic waste? 5

_____, to get gold from a cell phone, a person opens it. Then, he or she takes out all of the parts and looks for ones that are the color of gold. These parts are covered with very thin gold. Buttons, speakers, chips, and boards have gold on them.

Then, the person puts the gold parts into *chemicals to remove 10 the gold. The chemicals are very dangerous. After one week, the gold will fall off the parts. The person can take the gold pieces out and then use a special oven to melt the gold. When it cools down, the person has a piece of gold! 15

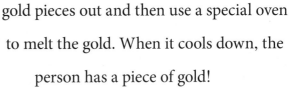
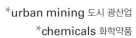

*urban mining 도시 광산업
*chemicals 화학약품

1 글의 제목으로 가장 알맞은 것은?

① The Popularity of Urban Mining
② The Dangers of Electronic Waste
③ How to Solve the Waste Problems
④ Urban Mining: from Trash to Treasure
⑤ Creative Ideas to Recycle Your Old Things

2 글의 빈칸에 들어갈 말로 가장 알맞은 것은?

① Instead   ② However
③ Therefore   ④ In addition
⑤ For example

3 글의 내용과 일치하면 T, 그렇지 않으면 F를 쓰시오.

(1) Getting gold from a cell phone is safe and easy.   _____

(2) It takes at least a week to get gold from a cell phone.   _____

서술형

4 글의 내용과 일치하도록 다음 질문에 답하시오.

Q: Why does a person need chemicals to get gold from a cell phone?

A: He or she needs them to _____.

☑ *Summary* **Write the numbers in the correct order.**

How to get gold from a cell phone

• Look for the parts covered with gold.   _____

• Take out all the parts from a cell phone.   _____

• Take the gold out of the oven and let it cool.   _____

• After the gold falls off the parts, put it into an oven.   _____

• Put the gold parts into chemicals for one week.   _____

14 Sweet Plants

Do you know any plants and animals that help each other?

Many animals eat plants. Cows, pandas, and even insects eat them to live. When animals eat plants, the plants often die. Then, the animals move to other plants and eat them. This is very bad for the plants. 5

① The *croton plant in Panama protects itself in an interesting way. ② It produces sugar from its leaves. ③ Ants love sugar, so they come to it. ④ Instead, the plant gives ants sugar, so the ants protect the plant. ⑤

Ants are good fighters. A group of ants can kill large insects and 10 hurt big animals. They fight with other animals to keep their food. The animals learn that the croton plant is not easy food. So they eat other plants instead.

This relationship is _____ for both the ants and the croton plant. The ants get food, and the plant gets an army of 15 tiny security guards.

*croton (식물) 크로톤

GRAMMAR in Textbooks

8행 ▶ give(show, send, tell, write, lend) + 사람(간접목적어) + 사물(직접목적어):
~에게 …을 주다(보여주다, 보내주다, 말해주다, 써주다, 빌려주다)
I will **show** you my pictures. 너에게 내 그림들을 보여줄게.
= I will **show** my pictures **to** you.
Tom **sent** Linda an email. Tom은 Linda에게 이메일을 보냈다.
= Tom **sent** an email **to** Linda.

1 글의 제목으로 가장 알맞은 것은?

① Animals that Eat Plants
② How to Care for Croton Plants
③ The Croton Plant: The Ants' Favorite Food
④ The Croton Plant: The Most Dangerous Plant
⑤ The Relationship Between the Ants and the Croton Plant

2 다음 문장이 들어갈 위치로 가장 알맞은 곳은?

> But the ants do not eat the plant.

①   ②   ③   ④   ⑤

3 글에 따르면, 동물들이 크로톤 식물을 잘 먹지 <u>않는</u> 이유는?

① 악취가 나서
② 개미들이 공격해서
③ 잎에 독성이 있어서
④ 눈에 잘 띄지 않아서
⑤ 위험한 곳에 서식해서

※ 서술형
4 Find the word in the passage which has the given meaning.

_____ : to keep someone or something
safe from harm or danger

※ 서술형
5 글의 빈칸에 알맞은 말을 글에서 찾아 쓰시오.

_____

Expand Your
Knowledge

공생 관계
(*Symbiosis*)

서로 다른 두 종이 서로 영향을 주고받는 관계를 '공생 관계'라고 하며, 이 중 서로 모두 이익을 얻는 관계를 '상리공생' 관계라고 한다. 만화 〈니모를 찾아서〉의 주인공인 열대어 흰동가리는 말미잘과 대표적인 상리공생 관계이다. 말미잘은 흰동가리를 천적으로부터 보호해주고, 흰동가리는 움직일 수 없는 말미잘을 대신하여 먹이를 유인해주는 역할을 한다. 이 밖에도 악어의 이빨을 청소해주고 이빨에 낀 이물질을 먹이로 삼는 악어새, 진딧물에게 달콤한 양분을 얻고 천적으로부터 진딧물을 보호해주는 개미도 대표적인 상리공생 관계이다.

15 Memories

Do you have any
bad memories you
want to erase?

We often think that there are two kinds of memories: good memories and bad memories. People love the first and hate the second. Most people dream about erasing their bad memories from their brains.

This dream may become reality. There is a group of scientists from the Massachusetts Institute of Technology (MIT). They are working on a drug called HDACi. Their tests show that it really can erase bad memories.

The scientists tested the drug on mice. They played a noise and shocked the feet of the mice at the same time. A month later, the mice felt scared when they heard the same noise. They thought they would be shocked in the same way.

_____, when they received HDACi, they acted normally. The drug made them forget they were shocked.

Soon, we will not need to think about our old, terrible memories again. We can replace them with new, positive ones!

5

10

15

1 MIT에서 연구한 것은?

① The drug that improves memory
② The drug that helps deal with pain
③ The drug that helps focus on things
④ The drug that recovers lost memories
⑤ The drug that erases painful memories

2 MIT의 실험에 관한 글의 내용과 일치하면 T, 그렇지 않으면 F를 쓰시오.

(1) 쥐에게 소음과 동시에 충격을 가했다.　　　　　_____

(2) HDACi를 복용한 쥐들은 기억력이 좋아졌다.　　_____

3 글의 빈칸에 들어갈 말로 가장 알맞은 것은?

① So　　　　　　　② However　　　　　③ In addition
④ For example　　　⑤ In other words

※ 서술형
4 글의 밑줄 친 This dream이 의미하는 내용을 우리말로 쓰시오.

_____

※ 서술형
5 글의 내용과 일치하도록 다음 질문에 답하시오.

Q: Why did the mice feel scared when they heard the same noise?
A: Because _____

16 Windshield Wipers

Do you know any
women inventors?

*Windshield wipers are used to clean the *windshield of a car. They are important especially when it rains or snows. The first windshield wipers were made by two women. ⓐ One thought of the idea, and ⓑ the other improved it.

Mary Anderson invented her windshield-cleaning system in 1903. She got the idea during a trip to New York City. When it rained, drivers needed to open their windows to see. To solve (a) the problem, she invented a swinging arm with a rubber blade. The arm moved and wiped the water from the windshields. The driver operated it with a stick in the car. (A) They thought it was difficult to see. (B) At first, people did not like Anderson's invention. (C) However, by 1916 almost all cars had windshield wipers.

Later, Charlotte Bridgwood made a better wiper. She thought moving a stick was too difficult, so she invented the first automatic windshield wipers in 1917.

*windshield wipers (자동차의) 와이퍼
*windshield (자동차의) 앞 유리

GRAMMAR in Textbooks

6행 ▶ one ~ the other …: (둘 중) 하나는 ~이고, 다른 하나는 …이다
I have two pets. **One** is a parrot, and **the other** is a dog.
나는 애완동물 두 마리가 있다. 하나는 앵무새이고, 다른 하나는 개이다.
cf. 다수의 대상을 둘로 무리 지어 말할 때는 'some ~ others …'를 사용한다.
Some people use SNS; **others** don't. 일부 사람들은 SNS를 사용하고, 또 다른 이들은 하지 않는다.

1 Mary Anderson의 발명품에 관한 글의 내용과 일치하지 <u>않는</u> 것은?

① 1903년에 발명했다.

② 뉴욕 여행 중에 아이디어를 얻었다.

③ 작동을 위해 창문을 열어야 했다.

④ 고무 날이 달려 있었다.

⑤ 막대를 움직여서 작동했다.

2 (A)~(C)를 글의 흐름에 알맞게 배열한 것은?

① (A)-(B)-(C)   ② (A)-(C)-(B)

③ (B)-(A)-(C)   ④ (B)-(C)-(A)

⑤ (C)-(B)-(A)

3 How were Bridgwood's wipers different from Anderson's?

① They were bigger.

② They were cheaper.

③ They had many colors.

④ They had different sizes.

⑤ They moved automatically.

※ 서술형

4 글의 밑줄 친 ⓐ와 ⓑ가 가리키는 것을 찾아 쓰시오.

ⓐ _____   ⓑ _____

※ 서술형

5 글의 밑줄 친 (a) the problem이 의미하는 내용을 우리말로 쓰시오.

_____

focus On Sentences › 중요 문장 다시 보기

A 다음 문장을 밑줄 친 부분에 유의하여 우리말로 해석하시오.

1 The croton plant in Panama <u>protects itself</u> in an interesting way.

_____

2 The drug <u>made them forget</u> they were shocked.

_____

3 We can <u>replace</u> them <u>with</u> new, positive ones!

_____

4 <u>One</u> thought of the idea, and <u>the other</u> improved it.

_____

B 우리말과 같은 뜻이 되도록 주어진 말을 바르게 배열하시오.

1 그 대신, 그 식물은 개미들에게 설탕을 준다.

Instead, _____ .
          (ants, the plant, sugar, gives)

2 대부분의 사람들은 나쁜 기억들을 자신들의 머릿속에서 지우는 것을 꿈꾼다.

Most people dream about _____ .
          (brains, memories, their, bad, erasing, their, from)

3 그녀는 뉴욕으로 여행하는 동안 그 아이디어를 얻었다.

She got the idea _____ .
          (a, New York City, to, during, trip)

C 우리말과 같은 뜻이 되도록 빈칸에 알맞은 말을 쓰시오.

1 이 부품들은 매우 얇은 금으로 덮여있다.

These parts _____ _____ _____ very thin gold.

2 이 관계는 개미와 크로톤 식물 둘 다에게 좋다.

This relationship is good for _____ the ants _____ the croton
plant.

3 와이퍼는 자동차의 앞 유리를 깨끗이 하기 위해 사용된다.

Windshield wipers _____ _____ _____
the windshield of a car.

Unit 05

GRAMMAR
in
Textbooks

· 조동사 should
Instead, you **should** stay quiet.

· call / name + A + B
My name is David Andrews, but everyone **calls me Duds**.

17
Baby Showers

· expect a baby	임신 중이다	· gift	명 선물
· close	형 가까운; *친한	· stuff	명 물건
· throw a party	파티를 열다	· relax	동 휴식을 취하다
· common	형 흔한	· serve	동 제공하다
· welcome	동 환영하다	· necessary	형 필수적인
· bless	동 축복하다	· winner	명 우승자
· guest	명 손님	· prize	명 상
· bring	동 가져오다		

18
Wild Animal Safety

· wild	형 야생의 명 야생, 자연	· try to	~하려고 노력하다
· rarely	부 거의 ~하지 않다	· raise	동 올리다
· friendly	형 친근한	· leave sb alone	~를 혼자 남겨 두다
· gentle	형 온순한	· turn one's back on	~에게 등을 돌리다
· attack	동 공격하다	· run away	도망치다
· in danger	위험에 처한	· back away	뒷걸음질치다, 피하다
· loud	형 시끄러운	· safe	형 안전한

19
MoMA's Mistake

· museum	명 박물관; *미술관	· wrong	형 틀린, 잘못된
· display	동 전시하다	· upside-down	형 거꾸로의
· sailboat	명 돛단배	· give up	포기하다
· be proud of	~을 자랑스러워하다	· make a mistake	실수하다
· masterpiece	명 걸작	· incorrectly	부 틀리게
· notice	동 알아차리다	· error	명 실수, 오류

20
I Got a Nickname!

· nickname	명 별명	· cafeteria	명 카페테리아, 구내식당
· elementary school	명 초등학교	· lunchtime	명 점심시간
· fancy	형 화려한	· bite into	~을 베어 물다
· regular	형 보통의	· spill	동 쏟다, 흘리다
· suit	명 정장, 양복	· locker	명 사물함
· entire	형 전체의	· mean	동 의미하다

영어는 우리말로, 우리말은 영어로 쓰시오. ▶단어/숙어 기본 연습

1	박물관; 미술관	m_____		21	loud	_____
2	attack	_____		22	sailboat	_____
3	상	p_____		23	necessary	_____
4	틀린, 잘못된	w_____		24	정장, 양복	s_____
5	stuff	_____		25	entire	_____
6	wild	_____		26	선물	g_____
7	알아차리다	n_____		27	relax	_____
8	bless	_____		28	쏟다, 흘리다	s_____
9	환영하다	w_____		29	friendly	_____
10	masterpiece	_____		30	regular	_____
11	별명	n_____		31	가까운; 친한	c_____
12	serve	_____		32	손님	g_____
13	흔한	c_____		33	error	_____
14	rarely	_____		34	gentle	_____
15	우승자	w_____		35	raise	_____
16	안전한	s_____		36	try to	_____
17	display	_____		37	expect a baby	_____
18	incorrectly	_____		38	upside-down	_____
19	의미하다	m_____		39	가져오다	b_____
20	fancy	_____		40	in danger	_____

다음 우리말과 같도록 빈칸에 알맞은 말을 쓰시오. ▶문장 속 숙어 확인

1 I _____ _____ _____ my sister's hard work.
   나는 내 여동생의 노력이 자랑스럽다.

2 The deer _____ _____ when it saw me. 그 사슴은 나를 보고 도망쳤다.

3 He did not _____ _____ and kept going. 그는 포기하지 않고 계속 나아갔다.

4 We are going to _____ _____ _____ for Emily.
   우리는 Emily를 위해 파티를 열어줄 거야.

5 Anyone can _____ _____ _____. 누구나 실수할 수 있다.

17 Baby Showers

What kind of parties are there in your country?

When a woman is expecting a baby, people—usually close friends and family members—throw a party for her. It is called a baby shower, and it is common in Western countries. They do it to welcome the new baby and to bless the *mom-to-be.

Guests usually bring gifts for the baby. Some common gifts are baby clothes, toys, and other baby stuff. Some people give spa coupons to help the mom relax. At a shower, food and drinks are served. People sometimes play games at it, too. They are not necessary, but games are a great way to make the shower more fun. Usually, the winner gets a prize.

At the end of the party, it is common to give everyone a goody bag. A goody bag is a bag of small gifts for each guest. The gifts are not big or expensive. They are things like candy, cookies, or *nail polish.

*mom-to-be 예비 엄마
*nail polish 매니큐어

1 베이비샤워에 관한 글의 내용과 일치하지 <u>않는</u> 것은?

① 서양 국가들에서 흔하다.

② 예비 엄마를 위한 파티이다.

③ 음식과 음료가 제공된다.

④ 재미를 위해 게임이 필수적이다.

⑤ 손님들에게 선물을 주기도 한다.

2 글에서 손님들이 가져오는 선물로 언급되지 <u>않은</u> 것은?

① 아기 옷   ② 장난감   ③ 아기 용품

④ 스파 쿠폰   ⑤ 쿠키

3 A goody bag is a gift for _____.

① the host   ② the guest

③ the baby   ④ the mom-to-be

⑤ the winner of the game

※ 서술형

4 글의 내용과 일치하도록 다음 질문에 답하시오.

Q: Who usually throws a baby shower?

A: _____ usually throw it.

※ 서술형

5 베이비샤워를 하는 목적을 글에서 찾아 우리말로 쓰시오.

_____

> *Expand Your*
> **Knowledge**

미국의 파티 문화

미국에는 다양한 파티 문화가 있다. 가장 흔한 생일 파티(birthday party) 외에도 집들이 파티(house-warming party), 참석자들이 각자 음식을 가져와서 함께 식사하는 포틀럭 파티(potluck party), 예비 신부에게 선물을 주고 축하해주는 브라이덜 샤워(bridal shower) 등이 있다. 학교와 관련해서는 고등학교 졸업 기념 댄스 파티인 프롬(prom)과 동문회 파티(homecoming party)가 대표적이다. 동양권에서는 조금 어색할 수 있는 문화이지만 미국에서는 많은 이들이 파티를 통해 즐거운 시간을 보내고 친분을 쌓기도 한다.

18 Wild Animal Safety

How would you feel if you encountered a wild animal?

Wild animals are dangerous. Most people will rarely *encounter them in the wild. If you do, however, you can do some things to protect yourself.

1. Never get closer to a wild animal. It may look friendly and gentle, but you never know what it will do. Animals often 5 attack if they feel they are in danger.

2. Do not make noises around the animal. Loud noises can make it become angry and attack. Instead, you should stay quiet.

3. Try to make yourself bigger, especially when you meet a bear. _____, you can raise your arms. If you look bigger and 10 stronger, it will probably leave you alone.

4. Never turn your back on the animal. You should not run away from the animal, either. If you do <u>these things</u>, it may think you are food and start to chase you. You should always back away slowly to a safe place. 15

*encounter 마주치다

GRAMMAR in Textbooks

8행 ▶ should + 동사원형: ~해야 한다 (조언, 권고)
You **should** <u>read</u> more books. 너는 더 많은 책을 읽어야 해.
(= It is a good idea to read more books.)
We **should not** <u>stay</u> out too late. 우리는 너무 늦게까지 밖에 있으면 안돼.

1 **글의 목적으로 가장 알맞은 것은?**

① 감사   ② 초대   ③ 설득   ④ 조언   ⑤ 항의

2 **글의 빈칸에 들어갈 말로 가장 알맞은 것은?**

① However   ② Moreover   ③ As a result

④ For example   ⑤ In other words

3 **글의 내용을 따르지 <u>않은</u> 사람을 고르시오. (2명)**

① Peter runs away from a tiger.

② Jim screams when he meets a bear.

③ Mary raises her arms to make her bigger.

④ David meets a wild pig. He backs away slowly.

⑤ Jennifer keeps quiet when she sees a wild animal.

※ 서술형

4 **글의 밑줄 친 <u>these things</u>가 의미하는 내용을 모두 찾아 우리말로 쓰시오.**

_____

19 MoMA's Mistake

Do you enjoy
going to an art
museum?

In 1961, the Museum of Modern Art in New York displayed a very famous painting. It was by a painter from France, Henri Matisse. It was called *Le Bateau* and shows a sailboat on the water.

For 47 days, everyone at the museum was very proud of the painting. Over 120,000 people visited the museum to see the masterpiece. But a viewer named Genevieve Habert noticed that something was wrong. ① She told a guard that the painting was upside-down. ② But she did not give up. ③ She brought a book with a picture of the painting. ④ Finally, the museum's art director said that they had made a mistake. ⑤

The director found that the labels on the back of the painting were upside-down. So they had hung the painting incorrectly. The artist's son, Pierre Matisse, also did not notice the error. He said, "We should give Mrs. Habert a medal."

1 다음 문장이 들어갈 위치로 가장 알맞은 곳은?

> At first, the guard said that she was wrong.

①   ②   ③   ④   ⑤

2 글에 따르면, 미술관에서 실수를 인정한 이유는?

① 화가의 아들이 발견해서

② 미술 전문가가 발견해서

③ 라벨이 거꾸로 되어 있어서

④ 많은 사람들이 이의를 제기해서

⑤ 신문에 보도되는 것을 원치 않아서

3 글 마지막에서 Pierre Matisse가 Harbert에게 느꼈을 심정으로 가장 알맞은 것은?

① 분노   ② 감사   ③ 당황   ④ 질투   ⑤ 걱정

※ 서술형

4 글의 밑줄 친 the error가 의미하는 내용을 우리말로 쓰시오.

_____

※ 서술형

5 Find the word in the passage which has the given meaning.

_____ : in a position with the top part at the bottom

20 I Got a Nickname!

Do you have a nickname?

Hello. My name is David Andrews, but everyone calls me _____. I got the nickname when I was in elementary school. It sounds strange, but I actually like it because there is a funny story about how I got it.

When I was in the fifth grade, my school had a school photo day. On that day, all of the students brought fancy clothes to school. They wore them for their photos and then changed into their regular clothes. Nobody wanted to wear a suit or dress for the entire day.

A week later, I was eating a hotdog in the cafeteria at lunchtime. When I bit into it, mustard and ketchup spilled all over my shirt and jeans! I needed to change clothes. I remembered that my suit was still in my locker. It was the only thing I had to wear. I wore that suit all day. That day, my friends named me Duds. "Duds" means "clothes."

5

10

15

GRAMMAR in Textbooks

2행 ▶ call/name + A(목적어) + B(목적보어): A를 B라고 부르다/이름 짓다
They often **call** Cynthia Cindy. 그들은 종종 Cynthia를 Cindy라고 부른다.
He **named** his dog Dolly. 그는 그의 개를 Dolly라고 이름 지었다.

1 글을 읽고 David Andrews에 관해 답할 수 없는 질문은?

① What is his nickname?

② Who gave him his nickname?

③ How did he get his nickname?

④ What does his nickname mean?

⑤ What other nicknames does he have?

2 David Andrews에 관한 글의 내용과 일치하면 T, 그렇지 않으면 F를 쓰시오.

(1) He does not like his nickname. _____

(2) He got his nickname on a school photo day. _____

3 글에 따르면, David Andrews가 하루 종일 정장을 입은 이유는?

① 정장을 즐겨 입어서

② 옷에 음식을 흘려서

③ 학교 사진 촬영일 이어서

④ 세탁소에 옷을 모두 맡겨서

⑤ 친구와 옷을 바꿔 입기로 해서

※ 서술형

4 글의 빈칸에 알맞은 말을 글에서 찾아 쓰시오.

_____

Summary **Use the words in the box to fill in the blanks.**

suit	spilled	clothes	nickname

David Andrews' _____ is "Duds." One day, he _____ food all
over his clothes. So he had to wear his _____ that he had worn on a school
photo day. That day, his friends named him "Duds." "Duds" means _____.
It is really funny.

focus On Sentences › 중요 문장 다시 보기

A 다음 문장을 밑줄 친 부분에 유의하여 우리말로 해석하시오.

1 Some people give spa coupons <u>to help the mom relax</u>.

_____

2 You <u>should not</u> run away from the animal, either.

_____

3 A viewer <u>named</u> Genevieve Habert noticed that something was wrong.

_____

4 It was <u>the only thing I had to wear</u>.

_____

B 우리말과 같은 뜻이 되도록 주어진 말을 바르게 배열하시오.

1 대부분의 사람들은 야생에서 그들을 거의 마주치지 않을 것이다.

Most people _____ in the wild.
(them, rarely, encounter, will)

2 그는 "우리는 Habert 부인에게 메달을 주어야 합니다"라고 말했다.

He said, " _____."
(should, we, Mrs. Habert, medal, give, a)

3 모두가 나를 Duds라고 부른다.

_____
(calls, Duds, everyone, me)

C 우리말과 같은 뜻이 되도록 빈칸에 알맞은 말을 쓰시오.

1 여성이 임신 중일 때, 사람들은 그녀를 위해 파티를 열어준다.

When a woman is expecting a baby, people _____ _____
_____ for her.

2 동물들은 자신들이 위험에 처했다고 느끼면 종종 공격을 한다.

Animals often attack if they feel they are _____ _____ .

3 47일 동안, 그 미술관의 모든 이들이 그 그림을 매우 자랑스러워했다.

For 47 days, everyone at the museum _____ _____
_____ _____ the painting.

Unit 06

GRAMMAR
in
Text books

· have to / don't have to
Farmers **have to** clean up the waste.
Farmers **don't have to** take it to the company.

· 비교급+than
Everyone knows that gorillas are **stronger than** humans.

Unit 06
Words & Phrases ➤ 중요 단어/숙어 미리 보기

21
Where is My Phone?

•fear	몡 공포, 두려움	•nervous	혱 불안한
•be short for	~의 준말이다	•leave	동 떠나다; *남겨두다
•without	전 ~없이	•take a walk	산책하다
•respondent	몡 응답자	•exercise	동 운동하다
•message	몡 메시지	•turn off	끄다
•bathroom	몡 욕실, 화장실		

22
Animal Waste

•air	몡 공기, 대기	•flat	혱 납작한
•clean up	치우다	•fuel	몡 연료
•grow	동 자라다; *재배하다	•used to	~하곤 했다
•countryside	몡 시골 (지역)	•cut down	베다, 자르다
•dry	동 말리다	•pay	동 지불하다
•dung	몡 똥	•save	동 절약하다; 모으다

23
Three Jars

•rather than	~보다는	•label	몡 라벨 동 *라벨을 붙이다
•valuable	혱 귀중한	•regularly	부 정기적으로
•skill	몡 기술	•whenever	접 ~할 때마다
•begin	동 시작하다	•make it a rule to-v	~하는 것을 규칙으로 하다
•jar	몡 병, 단지	•rewarding	혱 보람 있는

24
Chimpanzees

•strong	혱 강한, 힘센	•up to	~까지
•little	혱 작은	•biologist	몡 생물학자
•funny	혱 우스운	•pull	동 끌다
•silly	혱 바보 같은	•average	혱 평균의
•lovable	혱 사랑스러운	•definitely	부 분명히
•adult	몡 성인 혱 *다 자란	•professional	혱 전문적인
•weigh	동 무게가 ~이다	•trainer	몡 조련사

영어는 우리말로, 우리말은 영어로 쓰시오. ▶ 단어/숙어 기본 연습

1	fear	_____	21	countryside	_____
2	시작하다	b_____	22	말리다	d_____
3	rewarding	_____	23	떠나다; 남겨두다	l_____
4	regularly	_____	24	강한, 힘센	s_____
5	flat	_____	25	little	_____
6	silly	_____	26	respondent	_____
7	지불하다	p_____	27	메시지	m_____
8	save	_____	28	공기, 대기	a_____
9	욕실, 화장실	b_____	29	jar	_____
10	fuel	_____	30	우스운	f_____
11	whenever	_____	31	조련사	t_____
12	skill	_____	32	biologist	_____
13	자라다; 재배하다	g_____	33	definitely	_____
14	lovable	_____	34	adult	_____
15	～없이	w_____	35	dung	_____
16	운동하다	e_____	36	professional	_____
17	valuable	_____	37	무게가 ～이다	w_____
18	불안한	n_____	38	up to	_____
19	끌다	p_____	39	clean up	_____
20	average	_____	40	cut down	_____

B 다음 우리말과 같도록 빈칸에 알맞은 말을 쓰시오. ▶ 문장 속 숙어 확인

1 Do you want to _____ _____ _____? 산책하고 싶니?

2 _____ _____ the lights before you go out. 나가기 전에 전등을 꺼라.

3 They _____ _____ play hide-and-seek after school.
그들은 방과후에 숨바꼭질을 하곤 했다.

4 Cell phone _____ _____ _____ cellular telephone.
cell phone은 cellular telephone의 준말이다.

5 I _____ _____ _____ _____ to get up at six in
the morning. 나는 아침 6시에 일어나는 것을 규칙으로 하고 있다.

21 Where is My Phone?

How much time
do you spend on
your smartphone?

"*Phobia" is a fear. There are many kinds of phobias. People are afraid of spiders, high places, the dark, and many other things. There is now a new phobia called nomophobia.

5

Nomophobia is short for "no-mobile-phone-phobia." Of course, this is the fear of being without your cell phone. In a U.K. study of 1,000 people, 66 percent of the respondents felt this fear. People with nomophobia feel stress when they cannot see or feel their phones. 10 They often check their phones for messages and even take their phones to the bathroom. They also feel very nervous if they have low battery.

If you feel you have nomophobia, you should first try to spend less time on your phone. Leave it at home when you take a walk or 15 exercise. You can also turn it off when you study or work. But if these do not help, you should see your doctor.

*phobia 공포증

1   What is the passage mainly about?

① A new kind of phobia

② How to overcome fears

③ The most common fears

④ Stress caused by new technology

⑤ The necessities in modern society

2   글에서 Nomophobia의 증상으로 언급된 것이 <u>아닌</u> 것은?

① 휴대폰이 없으면 스트레스를 느낀다.

② 휴대폰을 자주 바꾼다.

③ 메시지를 수시로 확인한다.

④ 화장실에 갈 때 휴대폰을 가져간다.

⑤ 배터리가 부족하면 불안하다.

3   글의 내용과 일치하면 T, 그렇지 않으면 F를 쓰시오.

(1) 실험에서 절반 이상이 nomophobia를 겪었다.   _____

(2) 스스로 치료 가능하므로 의사의 도움이 필요 없다.   _____

≫   서술형

4   글의 내용과 일치하도록 다음 질문에 답하시오.

Q: What is nomophobia short for?

A: _____

Expand Your Knowledge

포비아 (*Phobia*)

공포증을 일컫는 포비아는 특정 대상에 대한 설명할 수 없는 두려움을 뜻한다. 포비아의 어원은 고대 그리스 신화에서 적을 놀라게 하던 전쟁의 신 포보스(Phobos)에서 유래했다. 공포증의 대상은 특정 동물부터 엘리베이터, 주사 바늘, 비행기, 높은 곳까지 다양하다. 마이클 잭슨은 세균과 바이러스를 두려워했고 셰익스피어와 나폴레옹은 고양이 공포증이 있었다고 한다. 포비아 치료를 위해서는 정신과 치료를 받기도 하지만, 중요한 것은 주변인들이 공포증을 의지의 문제로 지적하지 않고 이해해주는 것이라고 한다.

22 Animal Waste

Q
What can farmers do with animal waste?

There is a lot of *animal waste on animal farms. Animal waste is bad for the air, water, and land around the farms. Farmers have to clean up that waste. They use

5

it to help them grow crops or just throw it away.

In India, some people in the countryside dry cow dung and make flat, round cakes with it. Then, they use the dried cakes as a fuel for cooking or heating their homes. They used to cook and heat with wood. Now, they cut down fewer trees.

In Texas, one company uses animal waste to make gas. Farmers don't have to take ⓐ <u>it</u> to the company. The company goes to collect it. ⓑ <u>It</u> even pays the farmers for the waste. The company makes 100 million gallons of gas every year. That saves 1,000 barrels of oil every day!

10

15

*animal waste 가축 배설물

GRAMMAR in Textbooks

5행 ▶ have to + 동사원형: ~해야 한다
13행 ▶ don't have to + 동사원형: ~할 필요가 없다
　　　We **have to** go now. 우리는 지금 가야 해.
　　　Today is a holiday. I **don't have to** get up early. 오늘은 휴일이다. 나는 일찍 일어날 필요가 없다.

1   글의 주제로 가장 알맞은 것은?

① How to save energy

② Types of animal farms

③ Recycling of animal waste

④ How to throw away animal waste

⑤ Problems caused by animal wastes

2   글의 내용과 일치하면 T, 그렇지 않으면 F를 쓰시오.

(1) Animal waste is harmful for the environment.   _____

(2) Animal waste can be turned into energy.   _____

3   What do farmers in Texas do with animal waste?

① They throw it away.

② They use it to grow crops.

③ They sell it.

④ They make dung cakes.

⑤ They use it to cook and heat their homes.

≫   서술형
4   Find the word in the passage which has the given meaning.

_____: something that produces heat or power
                          when it is burned

≫   서술형
5   글의 밑줄 친 ⓐ와 ⓑ가 가리키는 것을 찾아 쓰시오.

ⓐ _____   ⓑ _____

23 Three Jars

Do you usually
save money?

Saving money is hard for many of us. When we earn money, we want to spend it on something rather than save it. But it is very important to learn to save money. It is a very valuable skill for every person.

A great way to begin saving money is to use the jar system. The first step is to get three jars. Next, label the jars with goals: "Save," "Spend," and "Grow." In the save jar, you can collect money for expensive items like a smartphone or nice clothes. The spend jar is for items you need to buy regularly. Lastly, the grow jar is for money that you will put in the bank. Make sure that you do not use that money for anything else.

Whenever you get money, make it a rule to put it in the three jars. This might be hard at first, but it will be easier and more rewarding.

1 글의 주제로 가장 알맞은 것은?

① 저축의 어려움

② 저축 상품 안내

③ 저축 방법 조언

④ 올바른 소비 방법

⑤ 저축 습관의 중요성

2 각 단지의 이름과 용도를 연결하시오.

(1) Save jar   •

(2) Spend jar •

(3) Grow jar   •

  • a. 은행에 저축할 돈

  • b. 비싼 물건을 살 돈

  • c. 정기적으로 사야 할 물건을 살 돈

》 서술형

3 다음 빈칸에 알맞은 단어를 글에서 찾아 쓰시오.

> The jar system is a great way to _____ _____.

》 서술형

4 Find the word in the passage which has the given meaning.

_____: giving you satisfaction, pleasure, or benefits

24 Chimpanzees

Q What animal comes to mind when you think of a dangerous animal?

Everyone knows that 고릴라는 인간보다 더 강하다. What about chimpanzees? We often see cute, little chimps on television. They wear funny clothes and act silly. These lovable animals are actually very young. Adult chimpanzees can weigh up to 60kg and be very strong.

In 1926, at the Bronx Zoo in New York, a biologist named John Bauman tested the _____ of a large chimpanzee. That animal, named Boma, pulled 384kg with one hand. That is more than an average American football player can pull. Most players cannot pull over 226kg with both hands.

They may look cute and nice, but chimpanzees are actually very dangerous animals. They definitely would not make good pets. They can hurt and even kill a human. Even professional animal trainers are not safe. So the next time you see a cute and friendly chimp on TV, remember that it is also a strong, dangerous animal.

GRAMMAR in Textbooks

1행 ▶ 비교급(-er, more ~) + than: ~보다 더 …한

I am **taller than** you. 나는 너보다 더 키가 크다.

These shoes are **more expensive than** those. 이 신발은 저것보다 더 비싸다.

1 글의 제목으로 가장 알맞은 것은?

① How Strong a Chimpanzee Is
② Why People Like Chimpanzees
③ Facts You Didn't Know about Chimpanzees
④ Who Is Stronger—a Chimpanzee or a Gorilla?
⑤ Similarities between Chimpanzees and Humans

2 침팬지에 관한 글의 내용과 일치하지 <u>않는</u> 것은?

① TV 속 침팬지는 주로 어린 침팬지이다.
② 성인 침팬지는 무게가 60kg까지 나간다.
③ 한 손으로 300kg 이상을 끌기도 한다.
④ 사람을 다치게 하거나 죽일 수도 있다.
⑤ 전문 조련사의 경우에만 애완동물로 키울 수 있다.

3 글의 빈칸에 들어갈 말로 가장 알맞은 것은?

① IQ
② memory
③ health
④ habits
⑤ strength

※ 서술형
4 밑줄 친 우리말과 같은 뜻이 되도록 주어진 단어를 바르게 배열하시오.

(gorillas, humans, are, than, stronger)

_____

※ 서술형
5 다음 빈칸에 알맞은 단어를 글에서 찾아 쓰시오.

In fact, a chimpanzee is a very _____, _____
animal.

focus On Sentences › 중요 문장 다시 보기

A   다음 문장을 밑줄 친 부분에 유의하여 우리말로 해석하시오.

1 You should first try to <u>spend less time on your phone</u>.

_____

2 Farmers <u>have to</u> clean up that waste.

_____

3 Everyone knows that gorillas are <u>stronger than</u> humans.

_____

4 Adult chimpanzees can weigh <u>up to</u> 60kg and be very strong.

_____

B   우리말과 같은 뜻이 되도록 주어진 말을 바르게 배열하시오.

1 당신은 또한 공부나 일을 할 때 그것을 꺼둘 수 있다.

_____ when you study or work.

(can, you, also, it, turn, off)

2 농장주들은 그것을 그 회사에 가져갈 필요가 없다.

Farmers _____.

(have, it, to, don't, company, to, take, the)

3 저축하는 것을 시작하는 좋은 방법은 단지 시스템을 사용하는 것이다.

A great way to begin saving money _____.

(jar system, is, use, to, the)

C   우리말과 같은 뜻이 되도록 빈칸에 알맞은 말을 쓰시오.

1 노모포비아는 'no-mobile-phone-phobia'의 준말이다.

Nomophobia _____ _____ _____ "no-mobile-phone-phobia."

2 그들은 나무로 요리와 난방을 하곤 했다.

They _____ _____ cook and heat with wood.

3 돈이 생길 때마다 그것을 세 개의 단지에 넣는 것을 규칙으로 하라.

Whenever you get money, _____ _____ _____ to put it in the three jars.

Unit 07

GRAMMAR
in
Textbooks

· the + 최상급
Vatican City is **the smallest** country in the world.

· 접속사 that
Many people think **that** koalas are lazy.

25
The Origin of the Buffet

• person	몡 사람	• feed	동 먹이다
• popular	혱 인기 있는	• provide	동 제공하다
• favorite	혱 좋아하는	• entertain	동 즐겁게 하다
• originally	뷔 원래는	• fair	몡 박람회
• later	뷔 나중에, 후에	• copy	동 베끼다
• such as	~와 같은		

26
The Smallest Countries

• huge	혱 거대한	• inside	뷔 안에
• landmass	몡 땅덩어리, 대륙	• leader	몡 지도자
• city	몡 도시	• be known as	~로 알려져 있다
• city-state	몡 도시국가	• wealthy	혱 부유한
• area	몡 지역; *면적	• amazingly	뷔 놀랍게도
• be located	위치하다	• millionaire	몡 백만장자

27
What Color Is Your Food?

• colorful	혱 다채로운	• virus	몡 바이러스
• delicious	혱 맛있는	• pea	몡 완두콩
• role	몡 역할	• bone	몡 뼈
• lower	동 낮추다	• tooth	몡 치아 (pl. teeth)
• risk	몡 위험	• include	동 포함하다
• disease	몡 병	• eggplant	몡 가지
• fight off	~와 싸워 물리치다	• natural	혱 자연의, 천연의
• cold	혱 추운 몡 감기	• stay healthy	건강을 유지하다

28
Cute Koalas

• cute	혱 귀여운	• spend 시간 -ing	~하며 시간을 보내다
• look like	~처럼 보이다	• climber	몡 등반가; *잘 기어오르는 동
• be related to	~와 관련이 있다	• soft	혱 부드러운
• pouch	몡 (새끼) 주머니	• disappointed	혱 실망한
• carry	동 운반하다	• fur	몡 털
• lazy	혱 게으른	• tough	혱 거친

영어는 우리말로, 우리말은 영어로 쓰시오. ▶ 단어/숙어 기본 연습

1	자연의, 천연의	n___	21	역할	r___
2	박람회	f___	22	lower	___
3	include	___	23	disease	___
4	먹이다	f___	24	지도자	l___
5	치아	t___	25	bone	___
6	huge	___	26	originally	___
7	도시	c___	27	wealthy	___
8	person	___	28	carry	___
9	인기 있는	p___	29	털	f___
10	지역; 면적	a___	30	tough	___
11	부드러운	s___	31	amazingly	___
12	provide	___	32	entertain	___
13	delicious	___	33	나중에, 후에	l___
14	게으른	l___	34	eggplant	___
15	favorite	___	35	pouch	___
16	베끼다	c___	36	귀여운	c___
17	colorful	___	37	추운; 감기	c___
18	inside	___	38	virus	___
19	millionaire	___	39	pea	___
20	risk	___	40	disappointed	___

다음 우리말과 같도록 빈칸에 알맞은 말을 쓰시오. ▶ 문장 속 숙어 확인

1 The Eiffel Tower _____ _____ in Paris 에펠탑은 파리에 위치해 있다.

2 Eric swims every day to _____ _____.
   Eric은 건강을 유지하기 위해 매일 수영을 한다.

3 Hamsters _____ _____ _____ mice.
   햄스터는 쥐와 관련이 있다.

4 Tomatoes _____ _____ _____ healthy food.
   토마토는 건강에 좋은 음식으로 알려져 있다.

5 Koalas _____ _____ bears. 코알라는 곰처럼 보인다.

25. The Origin of the Buffet

Do you like eating at buffets?

Every hungry person loves to eat at buffet restaurants. Buffets are popular around the world. People like them because they can take a lot of their favorite foods.

The buffet system started in Sweden and France. In Sweden, they call it *smorgasbord*. *Smorgasbord* means "bread and butter table" in Swedish. Originally, in the 1300s, people only served bread and butter. Later, they added more food, such as vegetables, fish, and meat.

The French also fed visitors the same way. But they provided much more expensive food. They wanted to entertain their guests instead of just cooking for them. They used special long tables called buffet tables.

At the 1939 World's Fair in New York, the *Swedes brought the *smorgasbord* to the United States. It became popular. Soon, many restaurants copied the idea. Some used the Swedish word
_____(a)_____, and others used the French word _____(b)_____.

*Swede[swiːd] 스웨덴 사람

1 *smorgasbord*에 관한 글의 내용과 일치하지 <u>않는</u> 것은?

① 스웨덴에서 뷔페를 가리킨다.

② 처음에는 빵과 버터만을 제공했다.

③ 나중에 야채, 생선, 육류 등이 추가되었다.

④ 1939년 뉴욕 세계 박람회에 소개되었다.

⑤ 미국에서는 큰 인기를 끌지 못했다.

2 글에서 프랑스 뷔페의 특징으로 언급된 것을 고르시오. (2개)

① 긴 테이블을 사용했다.

② 상류층만 이용 가능했다.

③ 웨이터가 음식을 가져다 주었다.

④ 스웨덴의 것보다 더 먼저 생겼다.

⑤ 비싼 음식들을 제공했다.

≫ 서술형

3 글의 빈칸 (a)와 (b)에 알맞은 말을 글에서 찾아 쓰시오.

(a) _____ (b) _____

☑ *Summary* **Use the words in the box to fill in the blanks.**

the US	*smorgasbord*	buffet tables	buffet system

The _____ originated in Sweden and France. In Sweden, people call it
_____. In France, people served foods on long table called _____.
In 1939, *smorgasbord* was introduced to _____ and became popular. Now,
there are many buffet restaurants around the world.

26 The Smallest Countries

What is the smallest country in the world?

When we think of countries, we often think of them as huge landmasses. But that is not always true. Some countries around the world are really small.

Vatican City is a city and country. We call it a city-state. 바티칸 시는 세상에서 가장 작은 나라이다. It is only 0.44 km^2 in area, and fewer than 1,000 people live there. It is located inside the city of Rome, Italy. The *Catholic pope is the leader of the country.

Another tiny country is Monaco. Like Vatican City, Monaco is a city-state. ① It is 2 km^2 in area but has over 35,000 people. ② Originally, the country was even smaller. ③ It became bigger by *reclaiming land from the sea. ④ Monaco is also known as a wealthy country. ⑤ Amazingly, 30 percent of the people in Monaco are millionaires.

5

10

15

*Catholic pope 가톨릭 교황
*reclaim 간척하다

GRAMMAR in Textbooks

4행 ▶ the + 최상급(-est, most ~): 가장 ~한
Mike is **the tallest** in his class. Mike는 그의 반에서 가장 키가 크다.
This shirt is **the most expensive** of all. 이 셔츠는 모든 것들 중에서 가장 비싸다.

1 글을 통해 바티칸 시에 관해 알 수 <u>없는</u> 것은?

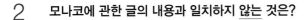

① 면적   ② 인구 수   ③ 위치

④ 사용 언어   ⑤ 지도자

2 모나코에 관한 글의 내용과 일치하지 <u>않는</u> 것은?

① 도시국가이다.

② 면적은 2평방 킬로미터이다.

③ 원래는 국토 면적이 더 넓었다.

④ 3만 명 이상이 살고 있다.

⑤ 국민의 1/3 정도가 백만장자이다.

3 다음 문장이 들어갈 위치로 가장 알맞은 곳은?

> That is a lot of people for such a small place.

①   ②   ③   ④   ⑤

※ 서술형

4 밑줄 친 우리말과 같은 뜻이 되도록 주어진 단어를 바르게 배열하시오.

(the, Vatican City, smallest, in, country, is, world, the)

_____

Expand Your
Knowledge

세계의 작은 나라들

바티칸 시국과 모나코 다음으로 작은 나라들은 남태평양에 있는 섬 나라인 나우루(Nauru) 공화국과 투발루(Tuvalu)이다. 나우루 공화국은 한때 인산염이라는 귀한 자원으로 세계에서 가장 부유한 국가였으나 무분별한 자원 착취로 현재는 최빈국이 되었다. 나우루보다 조금 큰 투발루는 아홉 개의 작은 섬으로 이루어졌다. 이 외에도 이탈리아반도 중부 산악지대에 위치한 산 마리노(San Marino) 공화국, 스위스와 오스트리아 사이에 있는 리히텐슈타인(Liechtenstein) 등도 대표적인 작은 나라이다.

27 What Color Is Your Food?

Q

What colors did you eat today?

Fruits and vegetables have many colors.

They look colorful and delicious. But do you know these colors

_____ ?

For example, red foods like tomatoes lower your risk of getting

some cancers and heart disease. They also help you fight off colds   5

and viruses. Green foods like broccoli and peas protect your eyes.

They are also good for your bones and strong teeth. Orange foods

make your eyes and skin healthy. They help you fight diseases, too.

Oranges, pumpkins, and carrots are all good examples of them.

Purple foods are excellent for your brain. They improve your memory.   10

Some purple foods include blueberries and eggplants.

Not all colorful foods are good for your health though. Foods

like candy and jelly do not have natural colors. These colors only

make the foods look delicious. Always try to eat natural foods with

many different colors. They will help you   15

grow and stay healthy.

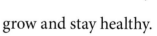

1 글의 빈칸에 들어갈 말로 가장 알맞은 것은?

① are not natural

② affect your mood

③ can make you sick

④ reduce your risk of cancer

⑤ play different roles in your body

2 다음 중 기억력 향상에 좋은 음식은?

① 토마토　　　　　② 브로콜리　　　　　③ 오렌지

④ 호박　　　　　　⑤ 블루베리

3 글에서 사탕과 젤리가 건강에 좋지 <u>않은</u> 이유로 언급된 것은?

① 당분이 많아서

② 충치를 유발해서

③ 천연색이 아니어서

④ 식욕을 감퇴시켜서

⑤ 영양분이 부족해서

※　서술형

4 눈 건강에 도움이 되는 음식의 색 2가지를 글에서 찾아 영어로 쓰시오.

_____, _____

※　서술형

5 다음 빈칸에 알맞은 단어를 글에서 찾아 쓰시오.

> Eating fruits and vegetables with many different _____
> will keep you _____.

28 Cute Koalas

Q

What do you know about koalas?

What are the cutest animals in the world? Many people would say koalas. Some people call them koala bears because they look like bears. But they are actually related to kangaroos. Koalas have pouches, and they carry their babies in their pouches. Like kangaroos, they also live only in Australia.

5

Many people think that koalas are lazy. ① In fact, they move slowly and spend 22 hours a day sleeping. ② But there is a good reason for their behavior. ③ They eat only one food. ④ They eat the leaves of *eucalyptus trees. ⑤ So koalas save energy by moving slowly and sleeping most of the time.

10

Koalas are not very active, but many people do not know that they are great climbers, runners, and swimmers. People also think that koalas look very soft. But they would be disappointed to touch one. Their fur is actually very tough.

15

*eucalyptus 유칼립투스

GRAMMAR in Textbooks

9행 ▶ 접속사 that: think, know, believe, say 등의 동사 뒤에 오는 접속사 that은 목적절을 이끌어 '~라는 것, ~라고'의 의미로 사용된다. 이 때 접속사 that은 생략이 가능하다.
I think (**that**) the movie is interesting. 나는 그 영화가 흥미롭다고 생각해.
I didn't know (**that**) these shoes are yours. 나는 이 신발이 네 것인 줄 몰랐어.

1 글의 제목으로 가장 알맞은 것은?

① Koalas' Eating Habits
② Animals Living in Australia
③ Interesting Facts about Koalas
④ The Cutest Animals in the World
⑤ Similarities Between Koalas and Kangaroos

2 다음 문장이 들어갈 위치로 가장 알맞은 곳은?

These leaves do not provide much energy.

① ② ③ ④ ⑤

3 코알라에 관한 글의 내용과 일치하지 <u>않는</u> 것은?

① They are not related to bears.
② They only eat eucalyptus leaves.
③ They sleep over 20 hours a day.
④ They cannot run well.
⑤ Their fur is not soft.

※ 서술형
4 코알라와 캥거루의 공통점으로 제시된 것 2가지를 우리말로 쓰시오.

_____

※ 서술형
5 다음 빈칸에 알맞은 단어를 글에서 찾아 쓰시오.

Koalas move slowly and spend most of their time sleeping to _____ _____.

focus On Sentences

› 중요 문장 다시 보기

A 다음 문장을 밑줄 친 부분에 유의하여 우리말로 해석하시오.

1 <u>Some</u> used the Swedish word *smorgasbord*, and <u>others</u> used the French word *buffet*.

_____

2 Do you know these colors <u>play different roles</u> in your body?

_____

3 <u>Not all</u> colorful foods are good for your health though.

_____

4 Many people think <u>that</u> koalas are lazy.

_____

B 우리말과 같은 뜻이 되도록 주어진 말을 바르게 배열하시오. .

1 바티칸 시는 세계에서 가장 작은 나라이다.

Vatican City _____.
(smallest, in, the, country, world, the, is)

2 그것들은 당신이 성장하고 건강을 유지하도록 도울 것이다.

They will _____.
(grow, help, healthy, you, and, stay)

3 사실, 그들은 느리게 움직이고 하루 22시간을 잠을 자며 보낸다.

In fact, they move slowly and _____.
(a, 22 hours, spend, day, sleeping)

C 우리말과 같은 뜻이 되도록 빈칸에 알맞은 말을 쓰시오.

1 그것은 이탈리아의 로마 시 안에 위치하고 있다.

It _____ _____ inside the city of Rome, Italy.

2 모나코는 또한 부유한 나라로 알려져 있다.

Monaco _____ also _____ _____ a wealthy country.

3 그들이 그것을 만져보면 실망할 것이다.

They would _____ to touch one.

Unit 08

GRAMMAR in Textbooks

· It ~ to부정사
In India and many Arab and African countries, **it** is normal **to eat with your hands**.

· 과거진행형
In March 1989, the oil tanker *Exxon Valdez* **was carrying** oil from Alaska to California.

Unit 08
Words & Phrases ❯ 중요 단어/숙어 미리 보기

29
A Teen Sailor

• set sail	출항하다	• lonely	형 외로운
• sail	동 항해하다	• become friends with	~와 친구가 되다
• alone	부 혼자	• end	동 끝나다
• voyage	명 항해	• journey	명 여행, 여정
• smooth	형 매끄러운, 순조로운	• achieve	동 이루다, 성취하다
• deal with	대처하다	• arrive	동 도착하다
• boat	명 배, 보트	• at the age of	~의 나이에

30
Eating Around the World

• correctly	부 바르게, 정확하게	• sign	명 신호
• travel	동 여행하다	• plate	명 접시
• table manner	명 식사 예절	• empty	형 빈 동 *비우다
• knife	명 칼, 나이프	• host	명 주인
• chopstick	명 젓가락	• on the other hand	반면에
• impolite	형 무례한, 실례되는	• polite	형 예의 바른
• noodle	명 국수, 면		

31
Peter the Painter

• paint	동 그리다 명 물감	• tell the difference	구별하다
• journalist	명 저널리스트, 기자	• truth	명 사실
• zoo	동 동물원	• exhibition	명 전시(회)
• brush	명 붓	• collector	명 수집가
• art gallery	명 미술관	• worth	형 ~의 가치가 있는
• critic	명 비평가		

32
The *Exxon Valdez* Disaster

• from A to B	A에서 B까지	• seal	명 바다표범
• unfortunately	부 불행하게도	• rock	명 바위
• hit	동 부딪히다	• away	부 떨어져, 떨어진 곳에
• reef	명 암초	• safety	명 안전
• oil spill	명 기름 유출	• steel	명 강철
• thousands of	수천의, 무수한	• hopefully	부 바라건대
• otter	명 수달		

A 영어는 우리말로, 우리말은 영어로 쓰시오. ▶ 단어/숙어 기본 연습

1 항해하다	s_____	
2 동물원	z_____	
3 배, 보트	b_____	
4 arrive	_____	
5 collector	_____	
6 예의 바른	p_____	
7 worth	_____	
8 smooth	_____	
9 reef	_____	
10 achieve	_____	
11 unfortunately	_____	
12 journey	_____	
13 부딪히다	h_____	
14 hopefully	_____	
15 exhibition	_____	
16 voyage	_____	
17 외로운	l_____	
18 안전	s_____	
19 steel	_____	
20 journalist	_____	

21 host	_____
22 travel	_____
23 sign	_____
24 end	_____
25 plate	_____
26 칼, 나이프	k_____
27 correctly	_____
28 chopstick	_____
29 그리다; 물감	p_____
30 critic	_____
31 alone	_____
32 붓	b_____
33 바위	r_____
34 truth	_____
35 empty	_____
36 impolite	_____
37 noodle	_____
38 art gallery	_____
39 at the age of	_____
40 thousands of	_____

B 다음 우리말과 같도록 빈칸에 알맞은 말을 쓰시오. ▶ 문장 속 숙어 확인

1 The ship will _____ _____ on May 28. 그 배는 5월 28일에 출항할 것이다.

2 How should we _____ _____ the situation?
그 상황을 어떻게 대처해야 할까?

3 No one wanted to _____ _____ _____ him.
그와 친구가 되고 싶은 사람은 아무도 없었다

4 Can you _____ _____ _____ between the twins?
너는 그 쌍둥이들을 구별할 수 있니?

5 They walked _____ their house _____ the station.
그들은 집에서 역까지 걸어갔다.

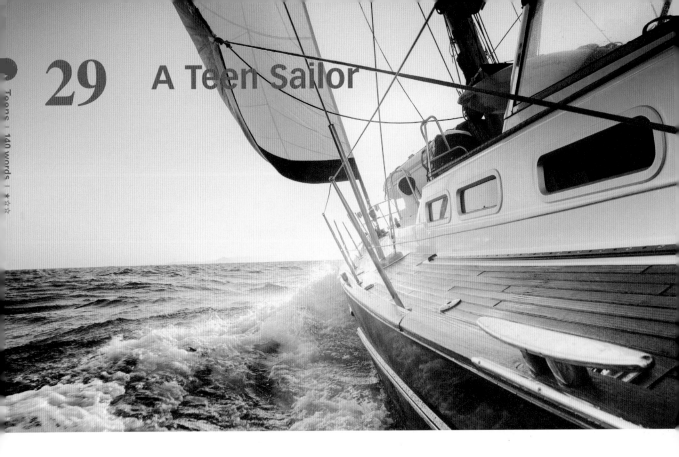

29 A Teen Sailor

What do you want to do most as a teen?

In August 2010, a Dutch girl set sail from the Netherlands. Her name was Laura Dekker, and she was 14 years old. She wanted to be the youngest person to sail around the world alone.

During her voyage, she stopped in many beautiful places. She went to the Galápagos Islands, Fiji, Bora Bora, and Australia. But her trip was not always smooth. She had to deal with bad weather and other problems.

Laura spent many months alone on her boat. But she did not feel lonely. She became good friends with her boat and named it *Guppy*. On her blog, she wrote, "*Guppy* is a very good listener and never says I am wrong."

After 519 days, Laura ended her journey and finally achieved her goal. On January 21, 2012, she arrived in the Netherlands at the age of 16.

1 글을 읽고 Laura Dekker에 관해 답할 수 <u>없는</u> 질문은?

① Where did she set sail?

② What kind of boat did she sail in?

③ How old was she when she set sail?

④ Where did she go during her voyage?

⑤ How long did Laura's voyage take?

2 Laura Dekker에 관한 글의 내용과 일치하면 T, 그렇지 않으면 F를 쓰시오.

(1) *Guppy* is the name of her boat. _____

(2) Her trip took more than two years. _____

3 글을 통해 알 수 있는 Laura Dekker의 성격으로 가장 알맞은 것은?

① kind ② brave ③ selfish

④ careful ⑤ sociable

※ 서술형

4 글의 밑줄 친 <u>her goal</u>이 의미하는 내용을 우리말로 쓰시오.

_____

※ 서술형

5 Find the word in the passage which has the given meaning.

_____ : a long journey especially by ship

30 Eating Around the World

What are some table manners in your country?

Parents teach their children to eat correctly. However, when you travel around the world, you find that

_____.

For example, in some countries, you must eat with a fork and knife. In many Asian countries, chopsticks are used. However, in India and many Arab and African countries, it is normal to eat with your hands. [10]

In most cultures, it is impolite to make noise when you eat. In Japan, however, making noise is fine when you eat soup or noodles. In China, you can even *burp after a large meal. These are signs that you enjoyed your food.

In some countries like Egypt, you should leave some food on [15] your plate. If you empty your plate, your host may think you are still hungry and give you more food. In Japan, on the other hand, it is polite to finish everything on your plate. This shows that you liked the food.

*burp 트림하다

GRAMMAR in Textbooks

10행 ▶ It ~ to부정사: to부정사가 주어로 쓰인 경우, 그 자리에 가주어 it을 쓰고 to부정사구는 문장 뒤로 보내어 쓸 수 있다. 이때 가주어 it은 '그것'이라고 해석하지 않는다.

To learn Chinese is difficult. 중국어를 배우는 것은 어렵다.

= **It** is difficult **to learn** Chinese.

1 글의 빈칸에 들어갈 말로 가장 알맞은 것은?

① table manners have changed over time

② most table manners are common to everyone

③ good table manners are important skills for kids

④ table manners are different in different countries

⑤ some parents do not teach their children table manners

2 글의 내용과 일치하면 T, 그렇지 않으면 F를 쓰시오.

(1) In India, it is fine to eat with your hands. _____

(2) In Japan, it is polite to leave your food. _____

3 In Egypt, if you empty your plate, your host may think _____.

① you are full

② you do not feel well

③ you need more food

④ you enjoyed your food

⑤ you did not like your food

※ 서술형

4 글의 내용과 일치하도록 다음 질문에 답하시오.

Q: What does it mean if you burp after a meal in China?

A: It means that _____.

31 Peter the Painter

Do you think animals can create art?

Do you think a chimpanzee _____?
In 1964, a Swedish journalist tried to answer that question. The man went to a zoo and found ⓐ a four-year-old chimpanzee named Peter. Then, he asked Peter's trainer to give ⓑ him a brush and paint. ⓒ Peter created many paintings at the zoo.   5

   The journalist brought Peter's four best paintings to an art gallery in Sweden. ⓓ He said the paintings were by a human French artist named ⓔ Pierre Brassau. The critics loved the paintings. They could not tell the difference between human art and a chimp's work. They said Pierre Brassau was a great artist.   10

   Later, the journalist told them (a) the truth. But one critic said that the chimpanzee's works were "still the best paintings in the exhibition." An art collector bought one of the paintings for $90. It is now worth $473!

1 글의 빈칸에 들어갈 말로 가장 알맞은 것은?

① can express feelings
② can paint like a human
③ is smarter than a human
④ can learn a new language
⑤ enjoys singing and dancing

2 글의 내용과 일치하면 T, 그렇지 않으면 F를 쓰시오.

(1) Peter learned to paint at the zoo. _____

(2) Critics praised Peter's paintings. _____

3 글의 밑줄 친 ⓐ~ⓔ 중, 가리키는 대상이 나머지 넷과 다른 것은?

① ⓐ   ② ⓑ   ③ ⓒ   ④ ⓓ   ⑤ ⓔ

서술형
4 글의 밑줄 친 (a) the truth가 의미하는 내용을 우리말로 쓰시오.

_____

Summary Use the words in the box to fill in the blanks.

critics	loved	chimpanzee	French artist

A Swedish journalist made a _____ paint paintings. He wanted to know
if _____ would notice a human didn't paint them. So he displayed the
chimpanzee's works in an art gallery and said a _____ painted them. The
critics _____ them and didn't know that a chimpanzee painted them.

32 The *Exxon Valdez* Disaster

Q What are some manmade disasters?

In March 1989, the *oil tanker *Exxon Valdez* was carrying oil from Alaska to California. Unfortunately, on March 24, the tanker had an accident in the waters off Alaska. It hit a reef and spilled a huge amount of oil into the sea. This was one of the worst environmental accidents in history. 5

① The oil killed many animals in the area. ② After the oil spill, thousands of animals such as birds, otters, seals, and fish and their eggs died. ③ Even now, there is a lot of oil on the rocks and sand there. ④ 720 kilometers away, people can still find oil from the accident. ⑤ 10

After the *Exxon Valdez* oil spill, people created <u>new rules</u> for oil tanker safety. The *hull of the *Exxon Valdez* had only one thin wall. Now, all oil tankers' hulls must have two steel walls. Hopefully, an accident like this will not 15 happen again.

*oil tanker 유조선
*hull [hʌl] 선체

GRAMMAR in Textbooks

1행 ▶ 과거진행형(was/were + -ing): 과거 특정 시점에 진행 중인 일을 나타내며, '~하는 중이었다'의 의미이다.

The baby **was sleeping** <u>when we arrived</u>. 그 아기는 우리가 도착했을 때 자고 있었다.

What **were** you **doing** <u>at this time yesterday</u>? 어제 이 시간에 뭘 하고 있었어?

1 *Exxon Valdez* 기름 유출에 관한 글의 내용과 일치하지 <u>않는</u> 것은?

① 1989년 3월에 발생했다.

② 알래스카 근해에서 발생했다.

③ 유조선의 목적지는 캘리포니아였다.

④ 수천 마리의 해양 동물들이 희생되었다.

⑤ 최근에서야 기름이 모두 제거되었다.

2 Oil spilled from the tanker *Exxon Valdez* because _____.

① it hit a reef

② it was too old

③ it hit an iceberg

④ it was upset during a storm

⑤ it crashed into another ship

3 다음 문장이 들어갈 위치로 가장 알맞은 곳은?

> The oil was very difficult to clean up.

①   ②   ③   ④   ⑤

※ 서술형

4 글의 밑줄 친 <u>new rules</u>로 언급된 내용을 우리말로 쓰시오.

_____

Expand Your
Knowledge

세계의 환경사고

자연재해 이외에도 인간에 의한 수 많은 환경사고가 있었다. 대표적인 것들 중 하나는 1952년 영국 스모 그 사건으로 런던에서 발생한 스모 그로 인해 5일 동안 4,000여명이 사망한 사건이다. 1986년에는 소련 의 체르노빌 원자력 발전소가 폭발 했는데, 이때 방사능 물질이 유출되 어 70만 명이 치료를 받았다. 우리 나라에서는 2007년 태안 앞바다에 서 유조선과 크레인이 충돌하면서 12,547kl의 기름이 유출된 사고가 있었으며, 이로 인해 태안 생태계의 동물 개체 수가 반으로 줄었다. 이 러한 사고들은 회복하려면 막대한 시간과 노력이 필요하다. 더 이상 이 런 사고들이 일어나지 않도록 예방 하는 것이 무엇보다 중요하다고 할 수 있겠다.

focus On Sentences ⟩ 중요 문장 다시 보기

A 다음 문장을 밑줄 친 부분에 유의하여 우리말로 해석하시오.

1 She wanted to be the youngest person <u>to sail</u> around the world alone.

_____

2 In most cultures, <u>it</u> is impolite <u>to make noise when you eat</u>.

_____

3 These are <u>signs that</u> you enjoyed your food.

_____

4 The oil tanker *Exxon Valdez* <u>was carrying</u> oil from Alaska to California.

_____

B 우리말과 같은 뜻이 되도록 주어진 말을 바르게 배열하시오.

1 그녀는 자신의 배와 좋은 친구가 되었고 그것을 Guppy라고 이름 지었다.

She _____ and named it *Guppy*.
(boat, became, good, with, friends, her)

2 부모들은 자녀들에게 바르게 먹는 법을 가르친다.

Parents _____.
(teach, correctly, to, their, eat, children)

3 그는 Peter의 조련사에게 그에게 붓과 물감을 줄 것을 요청했다.

He asked Peter's trainer _____.
(him, a brush, paint, and, give, to)

C 우리말과 같은 뜻이 되도록 빈칸에 알맞은 말을 쓰시오.

1 그녀는 열 여섯 살의 나이로 네덜란드에 도착했다.

She arrived in the Netherlands _____ _____ _____
_____ 16.

2 그들은 인간의 예술과 침팬지의 작품 사이의 차이를 구별할 수 없었다.

They could not _____ _____ _____ between human
art and a chimp's work.

3 새, 수달, 바다표범과 같은 수천 마리의 동물들을 비롯해 물고기와 그것들의 알이 죽었다.

_____ _____ animals such as birds, otters, seals, and fish and
their eggs died.

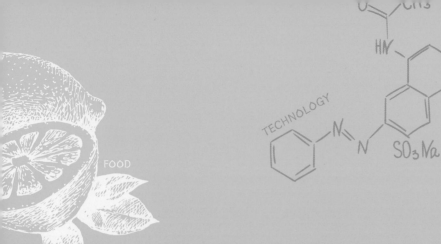

내신공략! 독해공략!

내공
중학영어독해

정답 및 해설

입문 **2**

내신공략! 독해공략!

내공
중학영어독해

입문2

—— 정답 및 해설 ——

DARAKWON

Words & Phrases

p.011

A

1 lucky	2 상징	3 철	4 crop	5 hang	6 ~ 아래에
7 bowl	8 쓰레기	9 dirty	10 뒤쫓다	11 세포	12 턱수염
13 hide	14 올리다, 게시하다		15 farmer	16 goal	17 정상
18 감정	19 clothes	20 부정적인	21 무시하다	22 information	23 solve
24 가입하다, 참여하다		25 행성; 지구	26 요정	27 situation	28 줄어들다
29 lack	30 영향을 미치다		31 (말굽의) 편자		32 성가시게 하다
33 pot	34 피해를 주다	35 steal	36 ~을 향하여	37 어느 쪽이든	38 주위를 둘러보다
39 제거하다	40 사진을 찍다				

B

1 is afraid of   2 is made up of   3 More and more   4 keep away   5 believe in

01 Lucky Horseshoes!

p.012

정답	**1** ⑤ **2** (1) T (2) F **3** ① **4** luck **5** 편자의 둥근 부분이 아래로 오게 하는 것

지문 해석   서구 문화에서 편자는 행운의 물건이다. 사람들은 보통 그들의 집에 행운을 가져오기 위해 문 위에 편자를 둔다. 편자가 어떻게 행운의 상징이 되었을까?

수백 년 전에, 사람들은 악령이 있다고 믿었다. 그들은 이 영혼들이 아기를 훔치거나 농작물에 피해를 주는 것과 같은 끔찍한 일들을 한다고 생각했다. 이 사람들은 그 영혼들이 철을 두려워한다고 믿었다. 편자는 철로 만들어졌다. 그래서 사람들은 나쁜 영혼들을 내쫓기 위해 편자를 사용했다.

편자를 거는 방법에 대해서는 다른 생각들이 있다. 어떤 사람들은 둥근 부분이 위에 있어야 한다고 생각한다. 그렇게 하면, 행운이 그 아래에 있는 사람들에게로 떨어진다. 다른 사람들은 편자가 반대로 걸어져야 그것이 사발처럼 행운을 잡는다고 믿는다. 어느 쪽이든, 사람들은 편자가 그들 집에 행운을 가져올 수 있다고 믿는다.

문제 해설   **1** 사람들은 악령이 철을 두려워한다고 믿었으며, 편자는 철로 만들어져 있기 때문에 사람들이 악령을 내쫓는데 사용했다고 나온다. (6~8행)

2 (1) 집에 행운을 가져오기 위해 문 위에 편자를 둔다고 했다. (1~2행)

(2) 편자의 둥근 부분이 위로 혹은 아래로 향하게 걸어두었다. (9~12행)

3 주어진 문장은 편자를 거는 방법을 설명하는 내용 앞에 와야 글의 흐름이 자연스럽다.

4 '당신의 행동이 아닌 우연에 의한 좋고 나쁜 일들'이라는 의미를 가진 단어는 luck(운)이다. (2행)

[문제] 다음 주어진 뜻을 가진 단어를 글에서 찾아 쓰시오.

5 'the other way(반대로)'는 바로 앞 문장에 나오는 내용, 즉 '편자의 둥근 부분이 위에 있어야 한다'는 것의 반대이므로 '편자의 둥근 부분이 아래로 오게 하는 것'의 의미가 된다.

구문 해설   01행   People usually put a horseshoe **over** their doors to *bring* good luck *into* their homes.

• over는 '(표면에 닿지 않게) ~ 위에'라는 뜻으로 above와 바꿔 쓸 수 있다.

• 〈bring A into B〉는 'A를 B로 가져오다'라는 뜻이다. into 대신 to를 쓰기도 한다.

04행   **Hundreds of** years ago, people *believed in* evil spirits.

- hundreds of는 '수백의'라는 뜻이다. *cf.* thousands of: 수천의, millions of: 수백만의
- believe in은 '∼의 존재를 믿다'라는 뜻이다. *cf.* believe: ∼을 믿다, ∼의 말을 믿다

13행 **Either way**, people believe a horseshoe can bring good luck to their homes.
- either는 '(둘 중) 어느 하나'란 뜻이며 뒤에 오는 명사는 항상 단수형이다.
- way가 '방법'이란 뜻을 나타낼 때 전치사 in이 종종 생략된다.
    cf. (in) either way: 어느 쪽이든, (in) the other way: 반대로, (in) that way: 그렇게 하면

02 Litterati

p.014

정답   **1** ⑤   **2** ②   **3** ③ | *Summary* | SNS, litter, throw away, cleaner

지문 해석 주위를 둘러보고 땅에 쓰레기가 있는 것을 본 적이 있는가? 쓰레기는 더러워 보이지만 대부분의 사람들은 개의치 않는다. 그들은 그것을 매일 보고, 시간이 지나면서 그것을 무시할 수 있게 된다. 다행히도 SNS가 이 문제를 해결할지도 모르겠다.

Jeff Kirschner는 사람들이 그들 주위의 쓰레기를 보기를 바랐다. 그는 SNS를 사용해서 캠페인을 시작했다. 그것은 Litterati라고 불리며, 그것의 목표는 쓰레기가 없는 세상을 만드는 것이다. Litterati에 참여하는 것은 하기가 쉽다. 첫 번째로 쓰레기 한 개를 찾아서 그것의 사진을 찍어라. 그 다음에, 그 사진을 인스타그램에 올리고 "#litterati"를 덧붙여라. 마지막으로 그 쓰레기를 버려라.

그것은 간단하지만 효과가 있다. 점점 더 많은 사람들이 그 웹사이트에 사진을 올리고 있다. 그들은 자신들이 지구를 깨끗하게 유지하기 위해 노력하고 있다는 것을 보여주고 싶어 한다.

문제 해설 **1** 쓰레기를 보면 사진을 찍어 SNS에서 공유한 뒤 버리게 함으로써 사람들이 쓰레기 없는 깨끗한 세상을 만드는 데 동참하게 만든다는 내용이다. 따라서 ⑤ '쓰레기를 줍기 위한 SNS 운동'이 가장 알맞다.
[문제] 무엇에 관한 글인가?
① 사진 경연대회
② Litterati라고 불리는 팀
③ 환경보호론자의 삶
④ 온라인에서 사진을 공유하는 법

2 Litterati가 시작된 시기는 글에서 언급되어 있지 않다.
① Litterati는 누가 시작했는가? (5∼6행)
② Litterati는 언제 시작되었는가? (언급되지 않음)
③ Litterati의 목표는 무엇인가? (7행)
④ Litterati에 참여하기 위해 사람들은 무엇을 해야 하는가? (7∼10행)
⑤ 사람들은 사진을 어디에 올리는가? (8∼10행)

3 Litterati는 개개인이 주위의 쓰레기를 치움으로써 지구 전체를 쓰레기 없는 깨끗한 곳으로 만들기 위한 캠페인이므로 ③ '빗방울이 모여 소나기가 된다(티끌 모아 태산)'가 가장 잘 어울리는 속담이다.
① 돌다리도 두들겨보고 건너라.
② 엎질러진 물이다.
④ 좋은 약은 입에 쓰다.
⑤ 사공이 많으면 배가 산으로 간다.

| 쓰레기 | 더 깨끗한 | SNS | 버리다 |

Jeff Kirschner는 한 SNS 캠페인을 쓰레기 문제를 해결하기 위해 시작했다. 그것은 Litterati라고 불린다. 참여하려면 쓰레기를 찾아 사진을 찍고 그 사진을 인스타그램에 올린 뒤 그 쓰레기를 버려라. 그것은 단순하지만 지구를 훨씬 더 깨끗하게 해줄 것이다.

구문 해설

02행 They see it every day, and, over time, they **learn to ignore** it.
- ⟨learn + to-v⟩는 '~하는 것을 배우다'라는 뜻이다.

06행 It **is called** Litterati, and its goal *is to create* a litter-free world.
- be called는 수동태로 '~라고 불리다'라는 뜻이다.
- ⟨be + to-v⟩는 '~하는 것이다'의 의미이다. 이때 쓰인 to부정사는 명사적 용법으로 주격보어 역할을 한다.

08행 Then, **post** the picture **on** Instagram and add "#litterati."
- ⟨post A on B⟩는 'A를 B에 게시하다'라는 뜻이다.

11행 **More and more** people are uploading pictures to the website.
- more and more는 '점점 더 많은'이라는 뜻이다. *cf.* ⟨비교급 + and + 비교급⟩: 점점 더 ~한

12행 They want to show that they are trying to **keep** *the planet* **clean**.
- ⟨keep + 목적어 + 형용사⟩는 '~을 …하게 유지하다'라는 뜻이다.
- planet은 '행성'이란 뜻이지만 the planet은 종종 '지구'를 뜻한다.

03 Drinking Water

p.016

| 정답 | **1** ⑤ | **2** ③ | **3** ④ | **4** 한두 잔의 물을 마시면 뇌가 빠르게 정상으로 돌아오는 것 |

지문 해석 매일 충분한 물을 마시는 것은 중요하다. 그것은 당신의 신체가 새로운 세포를 만들고 독소를 제거하도록 돕는다. 그러나 많은 사람들은 그것이 당신의 뇌에도 도움이 된다는 것을 모른다. 당신의 뇌는 80퍼센트의 물로 구성되어 있다. 그리고 충분한 물을 마시지 않으면 뇌는 실제로 줄어들 수 있다.

뇌가 줄어들면 무슨 일이 일어날까? 첫 번째로 또렷하게 생각하는 것이 어려워진다. 또한 사실과 정보를 기억하는 것도 어려워진다. 뇌에 물이 부족한 것은 당신의 감정에도 영향을 미친다. 당신은 쉽게 화가 날 수 있으며 당신의 상황에 대해 부정적인 감정을 가질 수 있다.

좋은 소식은 한두 잔의 물을 마신 후에 당신의 뇌가 빠르게 정상으로 돌아온다는 것이다. 하지만 반드시 매일 충분한 물을 마시고, 운동을 할 때는 더 많이 마시도록 하라. 그렇게 하면 당신의 뇌는 더 잘 그리고 더 빨리 작동할 것이다.

문제 해설

1 물이 부족하면 두뇌 활동이 원활하게 이루어지지 못하므로 충분한 물을 마시라는 내용이므로 ⑤ '물을 마심으로써 당신의 뇌를 활성화하라'가 가장 알맞다.
① 뇌에 가장 좋은 음식들
② 더 많은 물을 마시는 방법들
③ 건강하게 지내기 위해 물을 마셔라
④ 기억력을 개선하는 법

2 뇌가 줄어들면 명확히 생각하는 것이 어렵고 사실과 정보를 기억하기 어려우며 쉽게 화가 나고 부정적인 감정이 들 수 있다. (6~9행) 빈혈에 관한 언급은 전혀 없다.

3 주어진 문장은 뇌의 물 부족으로 인한 감정 변화의 예가 나오는 문장 앞인 ④에 오는 것이 흐름상 자연스럽다.

4 문장의 동사 is 다음에 오는 보어절(that ~ normal)에 주어 The good news의 내용이 설명되어 있다.

구문 해설 **01행** **It** is important **to drink enough water every day.**
  • It은 가주어, to drink ~ every day가 진주어이다. to부정사구가 주어이면 주어 자리에 가주어 it이 오고 진주어인 to부정사구는 문장 맨 끝에 쓸 수 있다.

03행 Your brain **is made up of** 80 percent water.
  • be made up of는 '~로 구성되다'의 의미이다.

06행 **What** happens when your brain shrinks?
  • what, which, who는 의문사에서 주어로도 쓰일 수 있다. 이때의 어순은 〈의문사 + 동사~?〉가 된다.
  cf. **Who** cleaned the bathroom? (누가 화장실을 청소했지?)

11행 But **make sure to drink** enough water every day, and drink *more* when you exercise.
  • 〈make sure + to-v/that절〉은 '반드시 ~하다'의 의미이며, 종종 명령문에 쓰여서 '반드시 ~하라'라는 뜻이 된다.
  • more는 much의 비교급으로 '더 많이'의 뜻이다.

04 Rainbow

p.018

정답	**1** ⑤	**2** ⑤	**3** ④	**4** gold	**5** 요정들이 금 항아리를 무지개 끝에 숨겨두는 것

지문 해석 무지개는 보기에 상당히 아름다운 것이다. 그것은 빨강, 초록, 파랑, 노랑 등과 같은 여러 아름다운 색들을 갖고 있다. 게다가 어떤 사람들은 무지개의 끝에 한 색, 즉 금색이 더 있다고 말한다!
  아일랜드 전설에는 작은 성인 남자들처럼 생긴 요정들이 있다. 그들은 녹색 옷을 입고 긴 턱수염도 있다. 그들은 또한 금 조각들을 모아서 그것들을 큰 항아리에 보관한다. 그 전설에 따르면 그들은 금이 든 항아리를 무지개 끝에 숨겨둔다.
  이런 이유로, 어린이들은 종종 이 금 항아리들을 찾기 위해 무지개 쫓는 것을 즐긴다. 하지만 무지개는 끝이 없기 때문에 그 어린이들은 결코 그것들을 찾지 못할 것이다. 무지개는 당신이 만질 수 있는 것이 아니다. 당신이 무지개 쪽으로 움직인다면, 그것도 당신과 함께 움직일 것이다.

문제 해설 **1** 요정들(fairies)은 금 항아리를 무지개 끝에 숨겨둔다고 했다. (6~7행)

2 문맥상 바로 앞 문장에 나오는 pots of gold를 가리키므로 ⑤ '금 항아리들'이 가장 적절하다.
  ① 요정들　　② 색깔들　　③ 어린이들　　④ 무지개들

3 무지개는 만질 수 없고 무지개 쪽으로 움직이면 무지개도 함께 움직인다고 했으므로 ④ '당신은 무지개 끝에 결코 닿을 수가 없다'가 가장 알맞다. (10~12행)
  ① 무지개는 여덟 개의 색이 있다.
  ② 무지개 끝에는 금 항아리가 있다.
  ③ 더 빨리 달린다면 무지개 끝에 닿을 수 있다.
  ⑤ 무지개에 가까이 가면 무지개를 만질 수 있다.

4 요정들이 무지개 끝에 금 항아리를 숨겨둔다는 내용이 이어지므로 금색(gold)이 알맞다.

5 문맥상 바로 앞 문장에 나오는 내용, 즉 요정들이 무지개 끝에 금 항아리를 숨겨두는 것을 가리킨다.

04행 In an Irish folk tale, there are **fairies** [**who** look like little men].

- [ ]는 fairies를 수식하는 주격 관계대명사절이다. 해석하면 '작은 성인 남자처럼 생긴 요정들'이 된다.

08행 For this reason, children often **enjoy chasing** rainbows to *look for* these pots of gold.

- 〈enjoy + -ing〉는 '~하는 것을 즐기다'란 뜻이다. enjoy, stop, finish 등은 목적어로 동명사가 온다. to부정사는 올 수 없다.
- look for는 '~을 찾다'라는 뜻이다.

11행 **If** you **move** *toward* a rainbow, it **will** also **move** with you.

- 조건(if)이나 때(when, before, after 등)를 나타내는 부사절에서는 미래 시제를 쓸 수 없고, 대신 현재 시제를 쓴다. 주절에는 미래 시제가 올 수 있다.
- toward는 전치사로서 '~쪽으로, ~을 향하여'라는 뜻이다.

focus On Sentences

p.020

A
1 편자를 거는 방법에 대해서는 다른 생각들이 있다.
2 그것의 목표는 쓰레기가 없는 세상을 만드는 것이다.
3 점점 더 많은 사람들이 그 웹사이트에 사진을 올리고 있다.
4 매일 충분한 물을 마시도록 하라.

B
1 People usually put a horseshoe over their doors to <u>bring good luck into their homes</u>.
2 Then, <u>post the picture on Instagram</u> and add "#litterati."
3 They want to show that they are trying to <u>keep the planet clean</u>.

C
1 These people believed that the spirits <u>were</u> afraid <u>of</u> iron.
2 So, people used horseshoes to <u>keep away</u> the bad spirits.
3 Your brain <u>is</u> made <u>up of</u> 80 percent water.

Words & Phrases
p.023

A

1 멸종되다	**2** 마지막의	**3** island	**4** 흥미롭게도	**5** 잡다	**6** 선원

1 멸종되다 **2** 마지막의 **3** island **4** 흥미롭게도 **5** 잡다 **6** 선원
7 최신의 **8** 확신하는 **9** 만화 **10** festival **11** 세기 **12** 방출하다
13 train **14** 사고 **15** vegetable **16** 디저트, 후식 **17** build **18** hunt
19 model **20** 인형 **21** 전문가; 숙련된 **22** 사라지다 **23** destroy
24 기쁨; 쾌락 **25** 두려움을 모르는 **26** director **27** mouth **28** 매운
29 ~이내에 **30** sense **31** 전통적인 **32** 특수 효과 **33** 폭발 **34** temple
35 북돋우다 **36** dress **37** 주요한 **38** 관광(업) **39** mask **40** 운

B

1 die out **2** a couple of **3** take place **4** keep your eye on **5** no surprise

---

05 The Dodo Bird
p.024

정답 **1** ③ **2** ③ **3** ⑤ **4** they did not fly and were not afraid of humans

| *Summary* | sailors, food, eggs, last dodo

지문 해석 동물들은 많은 이유로 멸종된다. 한 새는 너무나 빨리 사라졌기 때문에 유명하다. 이 새는 도도라고 불리며 마지막 것은 1681년에 죽었다.

도도새는 아프리카의 모리셔스 섬에서 살았다. 그들은 16세기에 포르투갈과 네덜란드 선원들에 의해 처음 발견되었다. 그 선원들은 자신들의 집을 짓기 위해 숲을 파괴했다. 그들은 또한 식량을 위해 도도새들을 사냥했다. 그 새들은 날지 않았고 사람들을 두려워하지 않았기 때문에 잡기 쉬웠다. 게다가 선원들은 개와 돼지 같은 새로운 동물들을 섬으로 데려왔다. (많은 사람들이 개를 애완동물로 키운다.) 이 동물들도 그 새들을 사냥하고 그들의 알을 먹었다.

100년 이내에 모든 도도새들은 사라졌다. 인간과 다른 동물들이 그들을 모두 죽인 것이다.

문제 해설 **1** 도도새의 생김새에 대한 내용은 글에서 언급되지 않았다.

① 도도새는 어디서 살았는가? (5행)

② 마지막 도도새는 언제 죽었는가? (3~4행)

③ 도도새는 어떻게 생겼는가? (언급되어 있지 않음)

④ 도도새를 처음 발견한 사람은 누구인가? (5~7행)

⑤ 도도새는 언제 처음 발견되었는가? (5~7행)

2 두 번째 단락에 인간이 어떻게 도도새의 멸종에 기여했는지가 언급되어 있다.

3 과거 도도새의 멸종 과정을 설명하고 있으므로 (e) '많은 사람들이 개를 애완동물로 키운다'는 내용은 글의 흐름에 맞지 않는다.

4 도도새들은 날지 않았고 사람들을 두려워하지 않았기 때문에 잡기가 쉬웠다. (8~9행)

Q: 왜 도도새들은 잡기가 쉬웠는가?

A: 날지 않았고 사람들을 두려워하지 않았기 때문에

> 식량　　　알들　　　마지막 도도새　　　선원들

도도새는 모리셔스 섬에 살았다. 16세기에 포르투갈과 네덜란드 선원들이 그 새들을 처음으로 발견했다. 불행하게도 그 선원들은 숲을 파괴했고 식량을 위해 그들을 사냥했다. 사람들이 그 섬에 데려온 동물들도 그 새의 알들을 먹었다. 결국 마지막 도도새가 1681년에 죽었다.

구문 해설

02행　This bird **is called** the dodo, and the last *one* died in 1681.
- be called는 수동태로 '~라고 불리다'라는 뜻이다.
- one은 선행하는 가산명사를 대신하는 부정대명사로도 쓰이는데, 여기서는 dodo를 대신한다. 단수일 땐 one, 복수일 땐 ones를 쓴다.

08행　The birds were easy **to catch** because they did not fly and *were* not *afraid of* humans.
- to catch는 형용사 easy를 수식하는 to부정사의 부사적 용법으로 '~하기에'의 의미이다. easy to catch는 '잡기 쉬운'이라는 의미가 된다.
- be afraid of는 '~을 두려워하다'라는 의미이다.

06 Spicy Food

p.026

정답	**1** ①	**2** ④	**3** ④, ⑤	**4** happy	**5** pain

지문 해석

인간은 매운 음식을 좋아하는 유일한 동물이다. 고통스러운 것을 즐기는 것은 이상해 보인다. 오랫동안 과학자들은 왜 우리가 그러는지 확신하지 못했다. 최근에 그들은 두 가지 이유를 발견했다.

　매운 음식은 우리에게 기쁨을 준다. 우리 뇌에는 도파민이라 불리는 화학물질이 있다. 이 화학물질은 우리가 행복함을 느끼게 만든다. (B) 우리가 매운 음식을 먹을 때 우리의 뇌는 도파민을 방출한다. (C) 이것은 우리가 그러한 음식 먹는 것을 즐기게 해준다. (A) 그것은 또한 우리가 매운 음식을 계속해서 먹고 싶게 만든다.

　우리가 매운 음식 먹는 것을 좋아하는 또 다른 이유가 있다. 매운 음식을 먹는 것은 우리 입 안에 고통을 야기한다. 흥미롭게도 우리의 두뇌는 기쁨과 고통을 거의 같은 방식으로 감지한다. 따라서 매운 음식을 먹는 것은 우리가 실제로 고통을 느끼는 동안 우리를 속여 기쁨을 느끼게 한다.

문제 해설

1 사람들이 매운 음식을 좋아하는 것에 대한 과학적인 이유를 설명하고 있다. 따라서 ① '사람들은 왜 매운 음식을 좋아하는가'가 가장 적절하다.
　[문제] 무엇에 관한 글인가?
　② 매운 음식의 악영향
　③ 음식은 어떻게 우리 기분에 영향을 미치는가
　④ 스트레스에 좋은 음식들
　⑤ 세계에서 가장 인기 있는 매운 음식

2 매운 음식을 먹으면 뇌에서 도파민이라는 화학물질이 나오는데(B), 이것은 우리가 매운 음식 먹는 것을 좋아하게 만들고(C), 또한 계속해서 먹게 만든다고(A) 해야 글의 흐름이 자연스럽다.

3 매운 음식을 먹으면 뇌에서 도파민이라는 화학물질이 나오고(6~7행), 입 안에 고통을 유발시킨다(9~10행).
　① 체중이 감소한다.　　　② 몸이 따뜻해진다.
　③ 배가 아플 수 있다.　　　④ 입 안에서 고통을 느낀다.
　⑤ 뇌에서 화학물질이 나온다.

4 도파민은 우리가 행복함을 느끼게 해준다고 했다. (5행)

　　Q: 도파민이 나올 때 우리는 어떤 기분이 드는가?

　　A: 우리는 행복한 기분이 든다.

5 앞 문장에서 뇌는 기쁨과 고통을 거의 같은 방식으로 감지한다고 했으므로, '고통'을 느끼는 동안 기쁨을 느끼게 한다고 하는 것이 알맞다. (10행)

구문 해설

01행　Human beings are the **only animals** [**that** like spicy food].
- [ ]는 animals를 수식하는 관계대명사절이다. 관계대명사절이 수식하는 말에 only, best, first 등이 있으면 관계대명사는 who나 which가 아닌 that이 온다.

01행　**It seems strange to enjoy** *something painful*.
- 〈It seems + 형용사 + to-v〉는 '~하는 것은 …인 것 같다'라는 뜻이다.
- -thing으로 끝나는 대명사는 형용사가 뒤에서 수식한다.

07행　This **makes us enjoy** eating such food.
- 〈make + 목적어 + 동사원형〉은 '~가 …하게 만들다'라는 뜻이다.

09행　There is another **reason** [(**why**) we like to eat spicy food].
- [ ]는 reason을 수식하는 형용사절이다. we 앞에 관계부사 why가 생략되어 있다.

12행　Therefore, **eating spicy food** *tricks* us *into feeling* pleasure while we actually feel pain.
- eating spicy food는 주어 역할을 하는 동명사구로 '매운 음식을 먹는 것'이라는 뜻이 된다.
- 〈trick + 목적어 + into -ing〉는 '~을 속여 …하게 하다'라는 뜻이다.

07　Not CGI!

p.028

정답　　**1** ⑤　　**2** (1) T　(2) F　　**3** ②　　**4** real　　**5** director

---

지문 해설　요즘에는 점점 더 많은 영화들이 CGI(컴퓨터 생성 이미지)를 이용한다. 하지만 어떤 감독들은 특수 효과를 만들기 위해 아직도 전통적인 방법을 사용하는 것을 좋아한다.

영화 〈매드 맥스〉에서는 숙련된 운전자들이 높이 뛰어 오르는 것과 자동차 사고를 만들기 위해 수 개월 동안 훈련을 했다. 그런 후 그들은 영화를 촬영하는 동안 실제로 차들을 충돌시켰다. 그들은 또한 휘발유로 실제 폭발을 만들었다. 그들은 그 효과들 중 어떤 것을 만들기 위해서도 컴퓨터를 사용하지 않았다. 〈스타 워즈〉 최신작도 컴퓨터 그래픽 대신에 모형들과 인형들을 사용했다.

실제 스턴트 연기는 하기에 매우 비싸고 위험할 수 있다. 이 감독들은 왜 CGI를 쓰지 않는 걸까? 〈매드 맥스〉 감독은 컴퓨터 그래픽이 실제 같아 보이지 않는다고 말한다. 그것들은 만화처럼 보인다. 〈스타 워즈〉 감독도 그럴만한 이유가 있었다. 전편들은 실제로 모형들과 인형들을 사용했다. 그래서 그 감독은 사람들이 그것들을 기억하기를 원했다.

문제 해설

1 특수 효과를 위해 CGI 대신 실제 스턴트 연기나 모형 등 전통적인 방법들을 사용한 영화들을 소개하고 있다.

2 (1) 최신작에서 컴퓨터 이미지 대신 모형들과 인형들을 사용했다. (8~9행)
　(2) 전편들에서도 모형과 인형들을 사용했다. (13~15행)

3 주어진 문장의 Then으로 보아 앞 부분에 숙련된 운전자들이 수개월 동안 훈련을 받았다는 내용이 나오고, '그런 후 그들은 영화를 촬영하는 동안 실제로 차를 충돌시켰다'는 내용으로 이어져야 자연스럽다.

4 바로 뒤 문장에서 '그것들(CGI)은 만화처럼 보인다'고 한 것은 현실감이 떨어진다는 의미이므로 '실제 같아 보이지 않는다'는 내용이 되어야 한다. 따라서 real이 가장 적절하다. (6행, 10행)

5 '영화나 연극에서 배우들에게 무엇을 할지 말해주는 사람'이라는 의미를 가진 단어는 director(감독)이다. (11행)
[문제] 다음 주어진 뜻을 가진 단어를 글에서 찾아 쓰시오.

구문 해설

01행 Nowadays, **more and more** movies use CGI.
· 〈비교급 + and + 비교급〉은 '점점 더 ～한'의 의미이며, more and more는 '점점 더 많은'이라는 뜻이다.

10행 Real stunts can be very expensive and dangerous **to do**.
· to do는 to부정사의 부사적 용법으로 형용사 expensive and dangerous를 수식한다. 형용사를 수식하는 to부정사는 '～하기에'로 해석한다.

12행 They **look like cartoons**.
· 〈look like + 명사〉는 '～처럼 보이다'의 의미이다.

15행 So the director **wanted people to remember** them.
· 〈want + 목적어 + to-v〉는 '～가 …하길 원하다'의 의미이다.

08 The Monkey Buffet Festival

p.030

정답 **1** ② **2** ⑤ **3** ① **4** boost tourism **5** ⓐ young people ⓑ the monkeys

---

지문 해석

태국의 롭부리(Lopburi) 시에는 흥미로운 축제가 있다. 그것은 원숭이 뷔페 축제이다. 그것은 매년 11월 마지막 일요일에 개최된다. 롭부리 시민들은 원숭이들을 위해 사원들 주위에 과일, 채소, 후식들을 놓아둔다. 이 축제는 1989년에 관광업을 활성화시키기 위해 시작되었다.

이 축제를 위해 젊은이들은 원숭이처럼 옷을 입고 얼굴에는 가면을 쓴다. 그들은 또한 노래하는 것과 춤추는 것을 즐긴다. 태국 사람들은 원숭이들이 행운을 가져다 준다고 믿는다. 그들이 원숭이들을 위해 축제를 여는 것은 놀라운 일이 아니다.

요즘에 그 축제는 주요한 관광행사가 되었다. 전세계의 관광객들이 그것을 보러 온다. 하지만 원숭이들은 두려움을 모른다는 것을 기억하라. 그들은 종종 관광객들에게서 가방과 모자, 음식을 훔친다. 원숭이 뷔페 축제에 가길 원한다면 당신은 항상 당신의 물건을 계속 지켜봐야 할 것이다.

문제 해설

1 원숭이들은 사람들이 차려놓은 음식을 먹을 뿐 공연을 한다는 언급은 없다.

2 태국 사람들은 원숭이가 행운을 가져다 주는 것으로 믿는다. (7～8행)
원숭이들은 태국에서 행운으로 여겨진다.
① 애완동물 ② 영리한 ③ 문제 ④ 위험한

3 원숭이 뷔페 축제에 가길 원한다면 소지품을 계속 지켜봐야 한다는 내용이 나온다. (15～18행)

4 원숭이 뷔페 축제는 1989년 관광업을 활성화시키기 위해 시작되었다. (4～5행)
Q: 그 축제는 왜 시작되었나?
A: 그것은 관광업을 활성화시키기 위해 시작되었다.

5 문맥상 ⓐ는 바로 앞 문장의 young people을, ⓑ는 앞 문장의 the monkeys를 가리킨다.

07행 The people of Thailand believe [**that** monkeys bring good fortune].
- believe는 종종 that이 이끄는 명사절을 목적어로 취해서 '~라고 믿다'라는 의미로 쓰인다. 이때 접속사 that은 생략할 수 있다.

08행 **It is no surprise that** they have a festival for monkeys.
- It is no surprise that은 '~은 놀라운 일이 아니다'의 의미이다.

10행 Nowadays, the festival **has become** a major tourist event.
- 〈have + p.p.〉는 현재완료 시제로 과거에 일어난 일이 현재까지 이어지는 상태를 나타낸다. 주로 '~한 상태이다, ~했다'의 뜻으로 쓰인다.

15행 If you want to go to the Monkey Buffet Festival, you **will need to** *keep* an eye on your things all the time.
- 〈need + to-v〉는 '~할 필요가 있다, ~해야 한다'의 의미이다. 여기서는 조동사 will과 함께 쓰여서 '~해야 할 것이다'로 해석할 수 있다.
- keep an eye on은 '~을 계속 지켜보다'의 의미이다.

focus On Sentences

p.032

(A)
1 그 새들은 잡기 쉬웠다.
2 매운 음식을 먹는 것은 우리 입 안에 고통을 야기한다.
3 그런 후 그들은 영화를 촬영하는 동안 실제로 차들을 충돌시켰다.
4 그들은 또한 노래하는 것과 춤추는 것을 즐긴다.

(B)
1 It seems strange to enjoy something painful.
2 Eating spicy food tricks us into feeling pleasure.
3 So the director wanted people to remember them.

(C)
1 It takes place every year on the last Sunday of November.
2 It is no surprise that they have a festival for monkeys.
3 You will need to keep an eye on your things all the time.

Words & Phrases

A

1 company	**2** 맛있는	**3** 조용한	**4** visit	**5** 암	**6** 지우개
7 조언	**8** 계산기	**9** young	**10** sweet	**11** 준비하다	**12** 영감을 주다
13 언어	**14** lose	**15** 훌륭한	**16** hero	**17** 꾸준히	**18** secret
19 등급을 매기다		**20** 간식	**21** 모으다	**22** basket	
23 건강하지 않은; 건강에 해로운			**24** schoolwork		**25** 대신하다
26 practice	**27** 준비물	**28** 보통의	**29** national	**30** 통, 용기	**31** extra
32 출판하다	**33** 지방이 많은	**34** slim	**35** 식사, 식습관	**36** 마라톤	**37** active
38 succeed	**39** 회복하다	**40** 고객			

B

1 take a break　　**2** go for　　**3** lose weight　　**4** waste time playing　　**5** for free

09 The *Michelin Guide*

정답　　**1** ③　　**2** ⑤　　**3** ③　　**4** car tires　　**5** excellent

지문 해석　미슐랭은 프랑스 회사이다. 해마다 그 회사는 미슐랭 가이드라고 불리는 책들을 출판한다. 이 책은 식당을 평가한다. 그것들은 식당의 등급을 매기기 위해 별을 사용한다. 그것들은 한 개, 두 개, 또는 세 개의 별을 준다. 별 한 개는 그 식당이 매우 좋다는 것을 의미한다. 별 두 개는 그 식당이 훌륭하다는 것을 의미한다. 별 세 개는 그 식당이 더 특별하다는 것을 의미한다.

미슐랭에서 나온 한 무리의 사람들은 식당들을 방문하고 음식을 평가한다. 이 사람들은 어느 누구에게도 자신들이 평론가라고 말하지 않는다. 그들은 직업은 비밀이다. 미슐랭 가이드는 많은 나라들에서 판매된다. 그 책들은 각 나라의 언어로 출판된다.

많은 사람들은 미슐랭이라는 이름을 들었을 때 자동차 타이어를 떠올린다. 그것은 같은 회사이다. 1900년에 그 회사는 최초의 미슐랭 가이드를 만들었다. 그 회사는 그 책들을 고객들에게 무료로 주었다. 이제 미슐랭 가이드는 세계에서 가장 유명한 식당 안내서들 중 하나이다.

문제 해설　**1**　주어진 문장 뒤에는 별 개수에 따른 평가 내용이 이어지는 것이 흐름상 자연스러우며, 따라서 ③이 가장 알맞다.

2　미슐랭에서 나온 사람들이 식당을 방문하고 음식을 평가한다고 했다. (6~7행)

　　[문제] 글에 따르면 식당들의 등급을 매기는 사람은 누구인가?
　　① 요리사　　　　　　　　② 기자
　　③ 고객　　　　　　　　　④ 미슐랭 최고경영자
　　⑤ 미슐랭에서 나온 평론가들

3　각 나라의 언어로 출판된다고 했으므로 ③은 일치하지 않는다. (8~9행)

4　미슐랭은 자동차 타이어를 떠올리게 하는 회사와 같은 회사라고 했다. (10~11행)

　　Q: 미슐랭은 어떤 종류의 회사인가?
　　A: 그 회사는 자동차 타이어를 판매한다.

5　식당이 별 두 개를 받으면, 그것은 그 식당이 훌륭하다는 것을 의미한다.

01행 Every year, it publishes books **called** *Michelin Guides*.

· 과거분사 called는 '~라고 불리는'의 의미로, 앞에 오는 명사 books를 수식한다.

02행 They use stars **to rate** the restaurants

· to rate는 to부정사의 부사적 용법으로 목적을 나타내며 '등급을 매기기 위해'의 의미이다.

03행 One star means [(**that**) the restaurant is very good].

· 동사 means의 목적어로 명사절이 쓰였는데 이때 명사절을 이끄는 접속사 that이 생략되었다. 목적어절을 이끄는 접속사 that은 종종 생략된다.

12행 Now, the *Michelin Guide* is **one of the most famous restaurant guides** in the world

· 〈one of the 최상급 + 복수명사〉는 '가장 ~한 …들 중 하나'의 의미이다. 최상급 뒤에 복수명사가 오는 것에 주의한다.

10 Terry Fox

p.038

정답   **1** (1) T (2) F   **2** ④   **3** raise money for cancer research

| *Summary* | his leg, cancer, Marathon of Hope, greatest

지문 해석   Terry Fox는 젊고 활동적인 사람이었다. 그는 고등학교에서 많은 운동 경기를 했다. 열 여덟 살 때 그는 암에 걸렸다. 의사들은 그의 생명을 구하기 위해 그의 오른쪽 다리를 절단했다. Fox는 다리를 잃었지만 결코 희망을 잃지는 않았다.

회복하는 동안, 그는 캐나다를 횡단하기로 결심했다. 그는 암 연구를 위한 모금을 하고 싶었다. 여러 달 동안, 그는 의족을 하고 달리는 연습을 했다. 그런 후 1980년 4월 12일, 그는 동부 캐나다에 있는 세인트 존스에서 자신의 '희망의 마라톤'을 시작했다. 그는 하루에 약 40킬로미터를 달렸다.

Fox는 143일 동안 5,373킬로미터를 달렸다. 그는 170만 달러를 모금했다. 그는 자신의 달리기를 완주하고 싶었지만 암이 재발했다. 그는 온타리오, 선더베이 근처에서 마라톤을 끝냈다. 9개월 후 Fox는 죽었다. 그는 겨우 22살이었다. 그는 많은 사람들에게 영감을 주었다. 지금 그는 캐나다의 국민 영웅이다.

문제 해설   **1** (1) 열 여덟 살에 암으로 다리를 잃었다. (2~4행)

(2) 캐나다를 횡단하는 것이 목표였으나 암 재발로 온타리오 선더베이 근처에서 마라톤을 중단했다. (11~12행)

2 Terry Fox가 어떤 종류의 암에 걸렸는지는 글에서 언급되지 않았다.

① Terry Fox는 언제 자신의 달리기를 시작했는가? (7~9행)

② Terry Fox는 며칠이나 달렸는가? (10행)

③ Terry Fox가 죽었을 때 몇 살이었는가? (13행)

④ Terry Fox는 어떤 종류의 암에 걸렸는가? (언급되지 않음)

⑤ Terry Fox는 달리면서 얼마를 모금했는가? (10~11행)

3 6행 'He wanted to raise money for cancer research.'에서 답을 알 수 있다.

Q: Terry Fox는 왜 캐나다를 횡단하였는가?

A: 그는 <u>암 연구를 위한 돈을 모으기</u> 위해 그렇게 했다.

가장 위대한   자신의 다리   암   희망의 마라톤

Terry Fox는 암으로 자신의 다리를 잃었다. 그래서 그는 암에 걸린 사람들을 돕기 위해 캐나다를 횡단하기로 결심했다. 1980년 4월, 그는 자신의 희망의 마라톤을 시작했다. 그의 달리기는 143일 동안 계속되었다. 그러나 그의 암이 재발했고, 그는 달리기를 멈춰야만 했다. 지금 그는 가장 위대한 캐나다 사람들 중 한 명이다.

구문 해설

05행 **While** he was recovering, he *decided to run* across Canada
- while은 '~하는 동안'이란 뜻의 때를 나타내는 접속사이다. 과거 진행형(was recovering)과 함께 쓰였다.
- decide는 to부정사를 목적어로 쓰는 동사이다.
  cf. to부정사를 목적어로 쓰는 동사: want, hope, need, learn, plan, promise 등

06행 For many months, he **practiced running** with his artificial leg.
- running은 practiced의 목적어로 쓰인 동명사이다.
  cf. 동명사를 목적어로 쓰는 동사: enjoy, finish, stop, like, love 등

09행 He ran about 40 kilometers **a day**.
- 부정관사 a가 단위를 나타내어 '~마다, ~에'란 뜻으로 쓰였다.
  cf. He called his mother three times **a week**. (그는 일주일에 세 번 어머니에게 전화했다.)

11 Homework Tips

p.040

정답   **1** ⑤   **2** ⑤   **3** ②, ④, ⑤   **4** break

지문 해설

숙제를 더 빨리 끝내기를 원하는가? 여기 당신이 성공하도록 도와줄 몇 가지 조언들이 있다.

먼저, 반드시 모든 준비물을 갖고 있도록 하라. 당신은 당신이 필요로 하는 모든 것을 통 안에 보관해야 한다. 바구니나 상자를 이용할 수도 있다. 이렇게 하면 당신은 연필, 지우개, 또는 계산기를 찾느라 시간을 낭비하지 않을 것이다. (어떤 사람들은 그들 전화기에 있는 계산기를 사용한다.)

당신의 학습 장소 또한 당신이 얼마나 빨리 숙제를 하는지에 영향을 미칠 수 있다. 그 장소가 조용하고 깨끗해서 당신의 주위를 산만하게 하지 않도록 하라. 스마트폰과 텔레비전은 당신의 학업으로부터 주의를 빼앗을 수 있다. 산만해지는 것은 당신의 공부 시간이 늘어나게 할 수 있다.

마지막으로, 숙제를 시작하기 전에 간식을 먹어라. 그렇게 하면 먹을 것을 찾느라 부엌에 가기 위해 휴식을 취하지 않을 것이다. 게다가 배가 고플 때에는 공부에 집중하기가 더 어려울 수 있다.

문제 해설

1 이어지는 세 단락은 모두 숙제를 빨리 끝내기 위해 도움을 주는 조언들이므로 ⑤ '숙제를 더 빨리 끝내기를'이 가장 알맞다.
- ① 더 적은 숙제를 갖기를
- ② 숙제 스트레스를 피하기를
- ③ 시간을 현명하게 관리하기를
- ④ 학교에서 좋은 성적을 받기를

2 숙제를 빨리 끝내기 위한 조언들 중 하나로 필요한 준비물을 한 곳에 모아두라는 내용이다. (e) '어떤 사람들은 그들 전화기에 있는 계산기를 사용한다'는 내용은 위 조언과 관계없다.

3 제시된 조언들은 필요한 준비물을 한 곳에 보관해두고, 주위가 산만해지지 않도록 스마트폰이나 텔레비전이 없는 조용하고 깨끗한 장소를 택하며, 숙제 하기 전 미리 간식을 먹으라는 내용이다. ①과 ③의 내용은 언급되지 않았다.

4 '쉬거나 먹기 위해 작업을 멈추는 짧은 시간'이라는 의미를 가진 단어는 break(휴식)이다. (13행)

[문제] 다음 주어진 뜻을 가진 단어를 글에서 찾아 쓰시오.

구문 해설 **04행** You should **keep** *everything* [*that* you need] **in a container**.
- 〈keep + 목적어 + 장소〉는 '~을 …에 보관하다'의 의미이다.
- [ ]는 everything을 수식하는 목적격 관계대명사절이다. everything that you need는 '당신이 필요로 하는 모든 것'의 의미이다.

06행 This way, you won't **waste time** *looking* for a pencil, an eraser, or a calculator.
- 〈waste + 시간/돈 + -ing〉는 '~하느라 시간/돈을 낭비하다'의 의미이다.
- look for는 '~을 찾다'의 의미이다.

08행 Your study place can also affect **how quickly you do your homework**.
- how ~ homework는 동사 affect의 목적어로 쓰였다. 간접의문문으로 〈의문사 + 주어 + 동사〉의 어순임에 주의한다.

11행 **Being distracted** can add hours to your study time.
- distract(산만하게 하다)가 수동태이면서 동명사 주어인 〈being + p.p.〉형태로 쓰였다. '산만해 지는 것'이란 뜻이다.

12행 That way, you will not take a break **to go** to the kitchen for something *to eat*.
- to go는 to부정사의 부사적 용법으로 '가기 위해(목적)'의 의미로 쓰였다.
- to eat은 to부정사의 형용사적 용법으로 something을 수식한다. something to eat은 '먹을 것'이란 뜻이다.

13행 In addition, when you are hungry, **it** can be more difficult **to focus on your study**.
- it은 가주어이고 to focus ~ study가 진주어이다. 해석하면 '공부에 집중하기는 더 어려울 수 있다'의 의미이며, 이때 it을 '그것'으로 해석하지 않도록 주의한다.

12 Let's Get Healthy!

p.042

정답	**1** ②	**2** ④	**3** ⑤	**4** carrot sticks, dried fruit	**5** something sweet and unhealthy

지문 해석 요즘, 우리 주변에는 수많은 정크푸드가 있다. 하지만 달거나 기름진 음식을 너무 많이 먹는 것은 당신을 살찌게 만들 수 있다. 그런 음식은 많은 칼로리를 함유하고 있다.

정크푸드 먹는 것을 멈추고 싶다면 보통의 간식을 대신할 몸에 좋은 음식을 준비해 두어라. 달고 건강에 좋지 않은 것을 먹는 대신 당근 스틱이나 말린 과일은 훌륭한 선택이다. 그것들은 맛있고 당신에게 좋다.

식사를 계획하는 것은 당신의 식단을 바꿀 수 있는 또 다른 훌륭한 방법이다. 계획이 없고 배가 고파지면, 당신은 패스트푸드를 선택할 지도 모른다. 다음 식사에 대한 계획을 갖고 있으면 아마도 당신은 정크푸드를 택하지 않게 될 것이다.

이 간단한 두 조언을 이용함으로써 당신은 천천히 그리고 꾸준히 살이 빠질 수 있다. 당신은 머지 않아 날씬한 몸을 갖게 될 것이다!

문제 해설 **1** 살을 빼기 위한 방법으로 건강에 좋은 간식을 준비하고 식사를 미리 계획하라는 조언이 나오므로 ② '식습관을 바꿈으로써 살을 뺄 수 있다'가 가장 적절하다.

2 다음 식사에 대한 계획이 있으면 정크푸드를 택하지 않을 것이라고 했으므로 ④ '패스트푸드 먹는 것을 피하기 위해'가 가장 알맞다. (9~10행)

[문제] 글에 따르면, 왜 식사를 계획해야 하는가?

① 음식 쓰레기를 줄이기 위해

② 식비를 절약하기 위해

③ 요리 스트레스를 줄이기 위해

⑤ 부엌에서의 시간을 절약하기 위해

3 건강에 좋은 간식을 준비하고 식사 계획을 미리 세워두라고 했으므로 ⑤ 'Mike는 배가 고프면 과일과 견과류를 먹는다'가 가장 알맞다.

① Ann은 식사 사이에는 간식을 절대 먹지 않는다.

② Tom은 탄산 음료와 과일 주스를 자주 마신다.

③ Linda는 주로 주말에 외식을 한다.

④ John은 피곤하면 초콜릿을 좀 먹는다.

4 바로 뒤에 당근 스틱과 말린 과일이 예로 나온다. (5~6행)

5 -thing으로 끝나는 대명사는 형용사가 뒤에서 수식하므로 something sweet and unhealthy의 어순이 되어야 한다.

구문 해설　01행　But **eating** too much sweet or fatty food can *make you gain* weight.

　　　　　　• eating은 동명사 주어로 '먹는 것'으로 해석한다.

　　　　　　• 〈make + 목적어 + 동사원형〉은 '~가 …하게 만들다'의 의미이다.

　　　　04행　If you **want to stop eating** junk food, prepare some healthy food to replace your usual snacks.

　　　　　　• 동사 want는 to부정사를 목적어로 취하며, stop은 동명사를 목적어로 취해 '~하는 것을 멈추다'의 의미이다. want to stop eating은 '먹는 것을 멈추고 싶어하다'라는 뜻이다.

　　　　07행　**Planning** meals **is** another great way *to change* your diet.

　　　　　　• Planning은 동명사 주어로 '계획하는 것'으로 해석하며, 단수 취급하므로 is가 쓰였다.

　　　　　　• to change는 to부정사의 형용사적 용법으로 way를 수식한다.

　　　　11행　**By using** these two simple tips, you can lose weight slowly and steadily.

　　　　　　• 〈by + -ing〉는 '~함으로써'라는 의미이다.

focus On Sentences

p.044

A　**1**　의사들은 그의 생명을 구하기 위해 그의 오른쪽 다리를 절단했다.

　　2　여기 당신이 성공하도록 도와줄 몇 가지 조언들이 있다.

　　3　반드시 모든 준비물을 가지고 있도록 하라

　　4　달고 건강에 좋지 않은 것을 먹는 대신에, 당근 스틱이나 말린 과일은 훌륭한 선택이다.

B　**1**　The *Michelin Guide* is one of the most famous restaurant guides in the world.

　　2　Your study place can also affect how quickly you do your homework.

　　3　Smartphones and televisions can draw your attention away from your schoolwork.

C　**1**　While he was recovering, he decided to run across Canada.

　　2　For many months, he practiced running on his artificial leg.

　　3　You won't waste time looking for a pencil, an eraser, or a calculator.

Words & Phrases

A

1 ~ 동안	2 제거하다	3 부분; 부품	4 noise	5 군대	6 녹이다
7 forget	8 현실	9 귀중한	10 고장난	11 thin	12 positive
13 잎	14 hurt	15 막대기	16 보통; 정상적으로		17 hate
18 improve	19 받다	20 shock	21 memory	22 과정	23 foot
24 특히	25 약	26 닦다	27 전자제품	28 waste	29 아주 작은
30 plant	31 erase	32 곤충	33 관계	34 작동하다	35 자동의
36 mouse	37 invent	38 metal	39 보호하다	40 무서운	

B

1 is covered with   2 replace, with   3 be used to   4 both, and   5 cool down

13 Urban Mining

정답	**1** ④ **2** ⑤ **3** (1) F (2) T **4** remove the gold	*Summary*	2, 1, 5, 4, 3

지문 해석 당신은 전자제품들 안에 금이 있다는 것을 알고 있었는가? 어떤 사람들은 금을 찾기 위해 낡고 고장난 전자제품들을 수집한다. 이것은 '도시 광산업'이라고 불린다. 그것은 전자 폐기물에서 금과 귀금속을 얻는 과정이다. 그러면 어떻게 전자 폐기물에서 금을 얻어낼 수 있을까?

예를 들어, 휴대전화기에서 금을 얻기 위해서는 그것을 연다. 그런 다음 모든 부품들을 꺼내고 금색을 띄는 부품들을 찾는다. 이 부품들은 매우 얇은 금으로 덮여있다. 버튼, 스피커, 칩, 그리고 보드들은 그 위에 금을 포함하고 있다.

그런 다음 금을 제거하기 위해 금이 포함된 부품들을 화학약품에 넣는다. 그 화학약품은 매우 위험하다. 일주일 후 금은 그 부품들에서 떨어질 것이다. 금 조각들을 꺼낸 다음에는 금을 녹이기 위해 특별한 오븐을 이용할 수 있다. 그것이 식으면 금 한 조각을 얻게 된다!

문제 해설 **1** 전자 폐기물에서 금과 귀금속이 얻어지는 과정을 설명하는 글이므로 ④ '도시 광산업: 쓰레기에서 보물로'가 가장 알맞다.
① 도시 광산업의 인기
② 전자 폐기물의 위험성
③ 쓰레기 문제를 해결하는 법
⑤ 낡은 물건들을 재활용하는 창의적인 아이디어들

2 빈칸 앞에는 도시 광산업을 소개하고 빈칸 뒤에는 휴대전화기를 예로 들어 금을 추출하는 과정을 구체적으로 설명하고 있으므로 ⑤ '예를 들어'가 가장 알맞다.
① 대신에   ② 그러나   ③ 그러므로   ④ 게다가

3 (1) 금 추출과정에서 사용하는 화학약품이 위험하다고 했다. (11행)
(2) 화학약품에 부품을 넣고 일주일이 지나야 금이 부품에서 떨어진다. (11~12행)
(1) 휴대전화기에서 금을 얻는 것은 안전하고 쉽다.
(2) 휴대전화기에서 금을 얻는 것은 적어도 일주일이 걸린다.

4 화학약품은 금이 포함된 부품들에서 금을 제거하기 위해 필요하다.

Q: 휴대전화기에서 금을 얻기 위해 왜 화학약품이 필요한가?

A: 금을 제거하기 위해 필요하다.

| *Summary* |

휴대전화기에서 금을 얻는 방법	
• 금으로 덮여 있는 부품들을 찾아라.	2
• 휴대전화기에서 모든 부품들을 꺼내라.	1
• 오븐에서 금을 꺼내 식혀라.	5
• 금이 부품들에서 떨어진 후, 그것을 오븐에 넣어라.	4
• 금 부품들을 일주일 간 화학약품에 넣어둬라.	3

구문 해설

04행 It is the process of **getting** gold and precious metals **from** electronic waste.
- 전치사 of의 목적어로 동명사 getting이 쓰였다. 〈get A from B〉는 'B에서 A를 얻다'의 의미이다.

07행 Then, he or she takes out all of the parts and looks for **ones** [**that** are the color of gold].
- ones는 the parts를 대신하는 부정대명사이다. [ ]는 ones를 수식하는 관계대명사절이다.

10행 The person can **take the gold pieces out** and then use a special oven *to melt* the gold.
- take out(꺼내다)의 목적어로 명사가 왔을 때는 take out 뒤에 오거나 take와 out 사이에 올 수 있다. 단, 목적 어로 대명사가 오면 반드시 〈take + 대명사 + out〉의 어순이 되어야 한다. *cf.* take out it (X)
- to melt는 to부정사의 부사적 용법으로 목적을 나타내며 '녹이기 위해'라는 의미이다.

14 Sweet Plants

p.050

정답	**1** ⑤	**2** ④	**3** ②	**4** protect	**5** good

지문 해석

많은 동물들이 식물들을 먹는다. 소, 판다, 그리고 심지어 곤충들도 살기 위해 그것을 먹는다. 동물들이 식물들을 먹으면 그 식물들은 대개 죽는다. 그러면 동물들은 다른 식물들로 이동해서 그것들을 먹는다. 이것은 식물들에게 매우 좋지 못한 일이다.

파나마에 있는 크로톤 식물은 흥미로운 방법으로 그 자신을 보호한다. 그것은 잎에서 설탕을 만들어낸다. 개미는 설탕을 아주 좋아하므로 그 식물에게 온다. 그러나 개미들은 그 식물을 먹지 않는다. 그 대신, 그 식물은 개미들에게 설탕을 주므로 개미들은 그 식물을 보호한다.

개미들은 훌륭한 싸움꾼이다. 한 무리의 개미는 큰 곤충들을 죽일 수 있고 큰 동물들을 다치게 할 수도 있다. 그들은 자신들의 먹이를 지키기 위해 다른 동물들과 싸운다. 그 동물들은 크로톤 나무가 쉬운 먹이가 아니라는 것을 알게 된다. 그래서 그들은 대신 다른 식물들을 먹는다.

이 관계는 개미와 크로톤 식물 둘 다에게 좋다. 개미는 먹이를 얻고 그 식물은 작은 경비원 군단을 얻는다.

문제 해설

1 개미에게 먹이를 제공해주는 크로톤 식물과 크로톤 식물을 보호해주는 개미의 공생 관계에 관한 내용이므로 ⑤ '개미와 크로톤 식물과의 관계'가 가장 알맞다.

① 식물을 먹는 동물들

② 크로톤 식물을 돌보는 방법

③ 크로톤 식물: 개미들이 가장 좋아하는 먹이

④ 크로톤 식물: 가장 위험한 식물

2 주어진 문장은 개미가 그 식물에게 온 뒤에 이어지는 것이 적절하며, 뒤에는 개미가 그 식물을 먹는 대신 하는 행동에 관해 이어지는 것이 자연스럽다.

3 동물들이 크로톤을 쉬운 먹이가 아니라고 생각하는 이유는 개미들이 자신들의 먹이인 크로톤을 지키기 위해 그 동물들과 싸우기 때문이다. (12행)

4 '어떤 사람이나 사물을 해나 위험으로부터 지키다'라는 의미를 가진 단어는 protect(보호하다)이다. (6행)
[문제] 다음 주어진 뜻을 가진 단어를 글에서 찾아 쓰시오.

5 개미들과 크로톤 식물의 관계는 서로 모두 이익을 얻는 관계이므로 빈칸에는 'good(좋은)'이 쓰일 수 있다. (10행)

구문 해설

06행 The croton plant in Panama protects **itself** in an interesting way.
  • 주어와 목적어가 같을 경우 재귀대명사를 쓴다. itself는 '그 자신, 스스로'라는 뜻이다.
  cf. She is looking **herself** in the mirror. (그녀는 거울을 보고 있다.)

08행 Instead, the plant **gives ants sugar**, so the ants protect the plant.
  • 〈give A B〉는 'A에게 B를 주다'라는 의미이며, 〈give B to A〉로 바꾸어 쓸 수 있다.
  (= gives sugar to ants)

15 Memories

p.052

정답 **1** ⑤ **2** (1) T (2) F **3** ② **4** 나쁜 기억들을 머릿속에서 지우는 것
5 they thought they would be shocked in the same way

지문 해석

우리는 종종 좋은 기억과 나쁜 기억, 이렇게 두 종류의 기억이 있다고 생각한다. 사람들은 전자를 좋아하고 후자를 싫어한다. 대부분의 사람들은 나쁜 기억들을 자신들의 머릿속에서 지우는 것을 꿈꾼다.
이러한 꿈은 현실이 될 지도 모른다. 메사추세츠 공과대학의 한 과학자 집단이 있다. 그들은 HDACi라고 불리는 약을 연구 중이다. 그들의 연구는 그것이 실제로 나쁜 기억들을 지울 수 있다는 것을 보여준다.
그 과학자들은 그 쥐를 대상으로 그 약을 실험했다. 그들은 소음을 틀어주고 동시에 쥐의 발에 충격을 주었다. 한달 뒤, 쥐들은 같은 소음을 들었을 때 두려움을 느꼈다. 그들은 같은 방법으로 충격을 받을 것이라고 생각했다. 그러나 HDACi를 받아들이자 그들은 정상적으로 행동했다. 그 약은 그들이 충격을 받았었다는 것을 잊게 만들었다.
머지 않아, 우리는 우리의 오래 되고 끔찍한 기억들을 다시 생각할 필요가 없을 것이다. 우리는 그것들을 새롭고, 긍정적인 것들로 대신할 수 있다!

문제 해설

1 7~8행에서 그들의 연구가 실제로 나쁜 기억을 지울 수 있다는 것을 보여준다고 했으므로 ⑤ '고통스러운 기억을 지우는 약'이 가장 알맞다.
① 기억력을 개선해주는 약 ② 통증을 완화해주는 약
③ 집중을 돕는 약   ④ 잃어버린 기억을 되찾아 약

2 (1) 과학자들은 실험에서 쥐들에게 소음을 틀고 동시에 발에 충격을 주었다. (9~10행)
(2) HDACi를 복용한 쥐들은 충격을 받았었다는 것을 잊고 정상적으로 행동했다. (13~15행)

3 빈칸 앞에는 소음을 들려주자 쥐들이 두려움을 느꼈다는 내용이 나오고 빈칸 뒤에는 정상적으로 행동했다는 내용이 나오므로 서로 대조적인 내용을 연결해주는 접속사가 와야 알맞다.
① 그래서   ② 그러나   ③ 게다가   ④ 예를 들어   ⑤ 다시 말하면

4 바로 앞 문장에 This dream의 내용이 설명되어 있다. 즉, '나쁜 기억들을 머릿속에서 지우는 것'을 가리킨다. (4행)

5 쥐들이 두려움을 느낀 이유는 한달 전처럼 소음과 동시에 충격을 받을 거라 생각했기 때문이다. (11~12행)

Q: 왜 쥐들은 같은 소음을 들었을 때 두려움을 느꼈는가?

A: 같은 방법으로 충격을 받을 것이라고 생각했기 때문에

구문 해설

03행 People love **the first** and hate **the second**.
- the first는 전자, the second는 후자를 가리킨다. the former, the latter로 바꿔 쓸 수 있다.

10행 A month later, the mice **felt scared** when they heard the same noise.
- 〈feel + 형용사〉는 '~하게 느끼다'의 의미이다. felt scared는 '두려움을 느꼈다'라는 뜻이다.

11행 They **thought** [(*that*) they **would** be shocked in the same way].
- 주절의 동사가 과거시제 thought이므로 목적어절의 조동사 will이 과거형인 would로 바뀌었다. thought 뒤에는 목적어절을 이끄는 명사절 접속사 that이 생략되었다.

14행 The drug **made them forget** they were shocked.
- 〈make + 목적어 + 동사원형〉은 '~가 …하게 만들다'의 의미이다. 해석하면 '그 약은 그들이 충격을 받았었다는 것을 잊게 만들었다'라는 뜻이다.

16 Windshield Wipers

p.054

정답 **1** ③   **2** ③   **3** ⑤   **4** ⓐ Mary Anderson ⓑ Charlotte Bridgwood

5 비가 올 때 운전자들이 앞을 보기 위해 창문을 열어야 하는 것

지문 해석

자동차 와이퍼는 자동차의 앞 유리를 깨끗이 하기 위해 사용된다. 그것은 특히 비가 오거나 눈이 올 때 중요하다. 최초의 자동차 와이퍼는 두 명의 여성에 의해 만들어졌다. 한 명은 그 아이디어를 생각해 냈고 다른 한 명은 그것을 개선시켰다.

Mary Anderson은 1903년에 자신의 앞 유리 세척 시스템을 발명해냈다. 그녀는 뉴욕으로 여행하는 동안 그 아이디어를 얻었다. 비가 올 때 운전자들은 앞을 보기 위해 창문을 열어야만 했다. 그 문제를 해결하기 위해 그녀는 고무 날이 달린 흔들리는 팔을 발명했다. 그 팔은 움직이면서 앞 유리에서 물을 닦아냈다. 운전자는 차 안에서 막대로 그것을 작동시켰다. (B) 처음에 사람들은 Anderson의 발명품을 좋아하지 않았다. (A) 그들은 앞을 보기가 어렵다고 생각했다. (C) 그러나 1916년쯤에는 거의 모든 자동차에 와이퍼가 있었다.

후에 Charlotte Bridgwood는 더 좋은 와이퍼를 만들었다. 그녀는 막대기를 움직이는 것이 너무 어렵다고 생각했고, 그래서 1917년에 최초의 자동 와이퍼를 발명했다.

문제 해설

1 차 안에 있는 막대를 움직여 작동했으므로 ③은 내용과 일치하지 않는다. (12~13행)

2 처음에 사람들이 Anderson의 발명품을 싫어했다는 언급이 나오고(B) 왜 싫어했는지에 대한 이유가 나온 뒤(A), 그럼에도 불구하고 1916년쯤에는 거의 모든 차에 와이퍼를 달았다(C)는 내용으로 이어지는 것이 자연스럽다.

3 막대로 작동시켜야 하는 Anderson의 와이퍼와는 달리 Bridgwood는 최초의 자동 와이퍼를 발명했다. (17~18행)

[문제] Bridgwood의 와이퍼가 Anderson의 것과 다른 점은?

① 그것들은 더 컸다.

② 그것들은 더 저렴했다.

③ 그것들은 많은 색깔이 있었다.

④ 그것들은 다양한 크기가 있었다.

⑤ 그것들은 자동으로 움직였다.

4 one ~ the other …은 '(둘 중) 하나는 ~이고, 다른 하나는 …이다'의 의미이다. 두 여성 중 자동차 와이퍼를 최초로 고안한 사람은 Mary Anderson이고, 그것을 개선한 사람은 Charlotte Bridgwood이다.

5 바로 앞 문장에서 비가 올 때 운전자들이 앞을 보기 위해 창문을 열어야 하는 불편함에 대해 언급하고 있다. (9~10행)

구문 해설   01행   Windshield wipers **are used to clean** the windshield of a car.
- 〈be used + to-v〉는 '~하기 위해 사용된다'라는 의미이다.

10행   **To solve** the problem, she invented a *swinging* arm with a rubber blade.
- To solve는 to부정사의 부사적 용법으로 목적을 나타내어 '해결하기 위해'라는 의미이다.
- swinging(흔들리는)은 명사 arm을 수식하는 현재분사이다.

13행   They thought [(**that**) it was difficult *to see*].
- 목적어절 앞에 접속사 that이 생략되었다.
- that절 안에 가주어 it과 진주어 to부정사 구문이 포함되어 있다. it was difficult to see는 '앞을 보기가 어렵다'의 의미이다.

focus On Sentences

p.056

A 1 파나마의 크로톤 식물은 흥미로운 방법으로 그 자신을 보호한다.
  2 그 약은 그들이 충격을 받았었다는 것을 잊게 만들었다.
  3 우리는 그것들을 새롭고, 긍정적인 것들로 대신할 수 있다!
  4 한 명은 그 아이디어를 생각해냈고, 다른 한 명은 그것을 개선시켰다.

B 1 Instead, the plant gives ants sugar.
  2 Most people dream about erasing their bad memories from their brains.
  3 She got the idea during a trip to New York City.

C 1 These parts are covered with very thin gold.
  2 This relationship is good for both the ants and the croton plant.
  3 Windshield wipers are used to clean the windshield of a car.

Words & Phrases

A

1 museum	2 공격하다	3 prize	4 wrong	5 물건	6 야생의; 야생, 자연
7 notice	8 축복하다	9 welcome	10 걸작	11 nickname	12 제공하다
13 common	14 거의 ~하지 않다		15 winner	16 safe	17 전시하다
18 틀리게	19 mean	20 화려한	21 시끄러운	22 돛단배	23 필수적인
24 suit	25 전체의	26 gift	27 휴식을 취하다		28 spill
29 친근한	30 보통의	31 close	32 guest	33 실수, 오류	34 온순한
35 올리다	36 ~하려고 노력하다		37 임신 중이다	38 거꾸로의	39 bring
40 위험에 처한					

B

1 am proud of   2 ran away   3 give up   4 throw a party   5 make a mistake

17 Baby Showers

정답   **1** ④   **2** ⑤   **3** ②   **4** Close friends and family members
5 새로운 아기를 환영하고 예비 엄마를 축복하기 위해

지문 해석 여성이 임신 중일 때, 사람들, 주로 가까운 친구들과 가족들은 그녀를 위해 파티를 열어준다. 그것은 베이비샤워라고 불리며 서구 국가들에서 흔하다. 그들은 새로운 아기를 환영하고 예비 엄마를 축복하기 위해 그것을 한다.

손님들은 보통 아기를 위한 선물들을 가져온다. 흔히 하는 선물로는 아기 옷, 장난감, 그리고 다른 아기 용품들이 있다. 어떤 사람들은 엄마가 휴식을 취하는 것을 돕기 위해 스파 쿠폰을 준다. 파티에서는 음식과 음료가 제공된다. 사람들은 때때로 게임을 하기도 한다. 게임은 필수적이지는 않지만 파티를 더 재미있게 만들어줄 좋은 방법이다. 대개 우승자는 상을 받는다.

파티 마지막에는 모두에게 선물 주머니를 주는 것이 흔하다. 선물 주머니는 손님 각각을 위한 작은 선물 가방이다. 선물은 크거나 비싼 것이 아니다. 그것들은 사탕, 쿠키, 또는 매니큐어 같은 것들이다.

문제 해설 **1** 게임이 필수적이지는 않다고 했다. (9행)

2 쿠키는 손님들에게 답례로 주는 선물의 예로 언급되었다. (14~15행)

3 선물 주머니(goody bag)는 파티 마지막에 손님에게 주는 선물이다. (13행)
[문제] 선물 주머니는 _____을(를) 위한 선물이다.
① 파티 주최자   ② 손님   ③ 아기   ④ 예비 엄마   ⑤ 게임 우승자

4 주로 가까운 친구들과 가족들이 예비 엄마를 위해 파티를 열어준다고 했다. (1~3행)
Q: 누가 주로 베이비샤워를 여는가?
A: 가까운 친구들과 가족들이 주로 그것을 연다.

5 베이비샤워는 새로운 아기를 환영하고 예비 엄마를 축복하기 위해 여는 파티이다. (4~5행)

구문 해설 **04행** They **do it** *to welcome* the new baby and *to bless* the mom-to-be.
• do it은 앞 내용의 throw a party를 대신하는 말이다.
• to welcome과 to bless는 모두 to부정사의 부사적 용법으로 '~하기 위해(목적)'의 의미로 쓰였다.

07행 Some people give spa coupons to **help the mom relax**.
  • 〈help + 목적어 + (to)동사원형〉은 '~가 …하도록 돕다'의 의미이다.

09행 …, but games are a great way **to make** the shower more fun.
  • to make는 to부정사의 형용사적 용법으로 way를 수식한다. 형용사적 용법의 to부정사는 '~하는, ~할'의 의미이다.

12행 At the end of the party, **it** is common **to give everyone a goody bag**.
  • it은 가주어, to give ~ bag이 진주어이다. 해석하면 '모두에게 선물 주머니를 주는 것이 흔하다'의 의미이다.
  • 〈give A B〉는 'A에게 B를 주다'의 의미이다. 〈give B to A〉로도 나타낼 수 있다.
    (= give a goody bag to everyone)

18 Wild Animal Safety

p.062

정답				
1 ④	**2** ④	**3** ①, ②	**4** 동물에게 등을 돌리는 것과 동물로부터 도망치는 것	

지문 해석
야생 동물들은 위험하다. 대부분의 사람들은 야생에서 그들을 거의 마주치지 않을 것이다. 그러나 만약 그렇게 된다면 당신은 당신 자신을 보호하기 위해 몇 가지를 할 수 있다.
1. 야생 동물에게 절대 가까이 가지 마라. 그것이 친근하고 온순해 보일지 모르지만 그것이 무엇을 할지는 결코 모른다. 동물들은 자신들이 위험에 처했다고 느끼면 종종 공격을 한다.
2. 동물 주변에서 소리를 내지 마라. 큰 소리는 그것이 화가 나서 공격하게 만들 수 있다. 대신 당신은 조용히 있어야 한다.
3. 특히 곰을 만났을 때는 당신을 더 크게 만들도록 노력하라. <u>예를 들면</u>, 당신은 팔을 올릴 수 있다. 당신이 더 크고 강해 보이면, 그것은 아마도 당신을 혼자 남겨둘 것이다.
4. 절대 그 동물에게 당신의 등을 돌리지 마라. 당신은 또한 그 동물에게서 도망쳐서도 안 된다. 만약 당신이 이런 행동들을 하면 그것은 당신을 먹이로 생각하고 뒤쫓기 시작할지도 모른다. 당신은 항상 안전한 장소로 천천히 뒤로 물러나야 한다.

문제 해설

1 야생 동물과 마주쳤을 때 어떻게 해야 할지를 조언하는 글이다.

2 빈칸 뒤의 팔을 올리는 것은 빈칸 앞의 몸을 크게 만들라는 내용의 예에 해당하므로 ④ '예를 들면'이 가장 알맞다.
  ① 그러나   ② 게다가   ③ 그 결과   ⑤ 다시 말하면

3 야생 동물을 만났을 때 그 동물에게서 도망쳐서는 안되고(12~13행), 동물 주변에서 소리를 내지 말라고 했으므로(7행) ①과 ②는 글의 조언과 다르다.
  ① Peter는 호랑이에게서 도망친다.
  ② Jim은 곰을 만났을 때 비명을 지른다.
  ③ Mary는 자신을 크게 만들기 위해 팔을 올린다.
  ④ David은 멧돼지를 만난다. 그는 천천히 뒷걸음질친다.
  ⑤ Jennifer는 야생 동물을 보면 조용히 한다.

4 these things은 앞의 두 문장에서 언급된 '동물에게 등을 돌리는 것'과, '동물로부터 도망치는 것'을 의미한다.

구문 해설
02행 If you do, however, you can **do** some things to protect yourself.
  • do는 앞 문장의 encounter를 대신하는 대동사이다.

04행 It may **look friendly** and **gentle**, but you never know *what it will do*.
  • 〈look + 형용사〉는 '~하게 보이다'라는 의미이다. look 뒤에 형용사 friendly와 gentle이 사용되었다.
  • what ~ do는 동사 know의 목적어절로 '그것이 무엇을 할지'라는 뜻이다. 의문문이 문장 일부로 쓰인 간접의문문으로 〈의문사 + 주어 + 동사〉의 어순이 쓰였다.

07행 Loud noises can **make it become** angry and **attack**.
  • 〈make + 목적어 + 동사원형〉은 '~가 …하게 만들다'라는 뜻이다. 목적보어로 동사원형 become과 attack가 쓰였다.

10행 If you look bigger and stronger, it will probably **leave you alone**.
  • leave you alone은 '당신을 혼자 남겨두다'의 의미이다.

19 MoMA's Mistake

정답	**1** ②	**2** ③	**3** ②	**4** 그림을 잘못(거꾸로) 걸어놓은 것	**5** upside-down

지문 해석 1961년 뉴욕에 있는 현대미술관은 매우 유명한 그림 한 점을 전시했다. 그것은 프랑스 출신 화가 Henri Matisse의 작품이었다. 그것은 〈*Le Bateau*〉라고 불리었으며, 물 위에 있는 돛단배 한 척을 보여준다.
  47일 동안 그 미술관의 모든 이들이 그 그림을 매우 자랑스러워했다. 12만 명이 넘는 사람들이 그 걸작을 보기 위해 미술관을 찾았다. 하지만 Genevieve Habert라는 이름의 한 관람객이 무언가 잘못되었다는 것을 알아차렸다. 그녀는 경비원에게 그 그림이 거꾸로 되어 있다고 말했다. <u>처음에, 그 경비원은 그녀가 틀렸다고 말했다.</u> 하지만 그녀는 포기하지 않았다. 그녀는 그 그림의 사진이 있는 책을 가져왔다. 마침내 미술관의 아트디렉터가 자신들이 실수를 했다고 말했다.
  그 디렉터는 그림의 뒷면에 붙은 라벨이 거꾸로 되어 있는 것을 발견했다. 그래서 그들은 그림을 틀리게 걸었던 것이다. 화가의 아들인 Pierre Matisse 역시 그 실수를 알아차리지 못했다. 그는 "우리는 Habert 부인에게 메달을 주어야 합니다."라고 말했다.

문제 해설 **1** 주어진 문장의 the guard로 보아 경비원에 대한 언급 이후에 오는 것이 적절하며, 뒤에는 경비원이 그녀에게 '틀렸다'고 말한 것에 대한 반응이 이어져야 흐름이 자연스럽다.
  2 아트디렉터가 그림 뒷면의 라벨이 거꾸로 되어 있는 것을 발견했다는 내용이 나온다. (11~12행)
  3 자신도 알아차리지 못한 실수를 밝혀낸 Habert에게 메달을 주어야 한다고 말한 것은 감사의 표현이라 할 수 있다. (11~13행)
  4 바로 앞 문장에 언급된 미술관 측에서 그림을 잘못(거꾸로) 걸어놓은 것을 의미한다. (12행)
  5 '윗부분이 아래 위치에 있는'이라는 뜻을 가진 단어는 upside-down(거꾸로의)이다. (8행)
  [문제] 다음 주어진 뜻을 가진 단어를 글에서 찾아 쓰시오.

구문 해설 06행 But a viewer **named** Genevieve Habert *noticed* [*that* something was wrong].
  • named는 '~라는 이름의'라는 뜻이다.
  • 이 문장의 동사는 noticed이며 that은 noticed의 목적어절을 이끄는 접속사로 '~라는 것'으로 해석한다.

08행 She brought **a book** [**with** a picture of the painting].
  • [ ]는 전치사구로 a book을 수식한다. 해석하면 '그 그림의 사진이 있는 책'의 의미이다.

09행 Finally, the museum's art director said that they **had made** a mistake.
  • 〈had + p.p.〉는 과거완료로 이야기가 진행되는 과거시점(said)보다 더 먼저 있었던 일을 나타낸다. 여기서는 실수를 한 시점이 말한 시점보다 더 이전이기 때문에 had made가 쓰였다.

20 I Got a Nickname!

| 정답 | **1** ⑤ | **2** (1) F (2) F | **3** ② | **4** Duds | *Summary* | nickname, spilled, suit, clothes |

지문 해석

안녕. 내 이름은 David Andrews지만, 모두가 나를 Duds라고 불러. 나는 초등학교 다닐 때 이 별명을 얻었어. 이상하게 들리겠지만, 나는 사실 그것을 얻게 된 재미있는 이야기가 있어서 그 별명을 좋아해.

내가 5학년이었을 때, 우리 학교에 학교 촬영일이 있었어. 그날 모든 학생들은 화려한 옷을 학교로 가지고 왔지. 그들은 사진을 찍기 위해 그것들을 입은 다음 평상복으로 갈아입었어. 아무도 정장이나 드레스를 하루 종일 입고 싶어 하진 않았어.

일주일 후 나는 점심 시간에 구내식당에서 핫도그를 먹고 있었어. 그것을 베어 물었을 때 겨자와 케첩이 내 셔츠와 청바지 위로 온통 흘렀어! 나는 옷을 갈아입어야만 했지. 나는 내 정장이 아직 내 사물함 안에 있다는 것이 떠올랐어. 그것은 내가 입어야 했던 유일한 것이었지. 나는 그 정장을 하루 종일 입었어.

그 날, 내 친구들은 나에게 Duds라는 이름을 붙여줬어. 'Duds'는 '옷'이라는 뜻이야.

문제 해설

1 Duds라는 별명을 얻게 된 내용만이 나왔을 뿐 다른 별명은 언급되지 않았다.

① 그의 별명은 무엇인가? (1~2행)

② 누가 그에게 별명을 지어주었는가? (14~15행)

③ 그가 어떻게 그 별명을 얻게 되었는가? (2~3단락)

④ 그의 별명은 무슨 의미인가? (15행)

⑤ 그는 어떤 다른 별명들을 가지고 있는가? (언급되어 있지 않음)

2 (1) Duds라는 별명을 얻게 된 재미있는 이야기가 있어서 자신의 별명을 좋아한다고 했다. (4~5행)

(2) 학교 촬영일로부터 일주일 후에 별명을 얻었다. (10~15행)

(1) 그는 그의 별명을 좋아하지 않는다.

(2) 그는 학교 촬영일에 그 별명을 얻었다.

3 학교 점심 시간에 옷에 음식을 흘렸고 갈아입을 옷이 사물함에 있던 정장뿐이어서 하루 종일 입게 되었다. (10~14행)

4 글 마지막에 친구들이 그를 Duds라고 이름 지었다는 내용이 나온다. (14~15행)

| Summary |

| 정장 | 흘렸다 | 옷 | 별명 |

David Andrews의 별명은 'Duds'이다. 어느 날, 그는 자신의 옷에 온통 음식을 흘렸다. 그래서 그는 학교 촬영일에 입었던 정장을 입고 있어야만 했다. 그 날 그의 친구들은 그를 'Duds'라고 불렀다. 'Duds'는 옷을 의미한다. 그것은 정말 재미있다.

구문 해설

03행 It **sounds strange**, but I actually like it because there is a funny *story* [*about how I got it*].

• 〈sound + 형용사〉는 '~하게 들린다'의 의미이다.

• 전치사 about의 목적어로 의문사 how가 이끄는 절이 왔다. '내가 어떻게 그것을 얻었는지에 관한'으로 해석한다. about 이하는 story를 꾸며주고 있다.

09행 **Nobody** wanted to wear a suit or dress for the entire day.

• Nobody는 '아무도 ~ 않다'라는 뜻으로 전체 부정의 의미이다.

13행 It was **the only thing** [(**that**) I had to wear].

• [ ]는 the only thing을 수식하는 관계대명사절이다. 해석하면 '내가 입어야 했던 유일한 것'의 의미이다.

A　**1** 어떤 사람들은 엄마가 휴식을 취하는 것을 돕기 위해 스파 쿠폰을 준다.

　　2 당신은 또한 그 동물에게서 도망쳐서도 안 된다.

　　3 Genevieve Habert라는 이름의 한 관람객이 무언가 잘못되었다는 것을 알아차렸다.

　　4 그것은 내가 입어야 했던 유일한 것이었다.

B　**1** Most people <u>will rarely encounter them</u> in the wild.

　　2 He said, "<u>We should give Mrs. Habert a medal</u>."

　　3 <u>Everyone calls me Duds</u>.

C　**1** When a woman is expecting a baby, people <u>throw</u> <u>a</u> <u>party</u> for her.

　　2 Animals often attack if they feel they are <u>in danger</u>.

　　3 For 47 days, everyone at the museum <u>was</u> <u>very proud of</u> the painting.

Words & Phrases

p.071

A											
1 공포, 두려움	**2** begin	**3** 보람 있는	**4** 정기적으로	**5** 납작한	**6** 바보 같은
7 pay	**8** 절약하다; 모으다	**9** bathroom	**10** 연료	**11** ~할 때마다
12 기술	**13** grow	**14** 사랑스러운	**15** without	**16** exercise	**17** 귀중한
18 nervous	**19** pull	**20** 평균의	**21** 시골 (지역)	**22** dry	**23** leave
24 strong	**25** 작은	**26** 응답자	**27** message	**28** air	**29** 병, 단지
30 funny	**31** trainer	**32** 생물학자	**33** 분명히	**34** 성인; 다 자란
35 똥	**36** 전문적인	**37** weigh	**38** ~까지	**39** 치우다	**40** 베다, 자르다

B				
1 take a walk	**2** Turn off	**3** used to	**4** is short for	**5** make it a rule

21 Where is My Phone?

p.072

정답	**1** ① **2** ② **3** (1) T (2) F **4** It is short for "no-mobile-phone-phobia."

지문 해석 '공포증'은 두려움이다. 많은 종류의 공포증이 있다. 사람들은 거미, 높은 장소, 어둠, 그리고 많은 다른 것들을 두려워한다. 요즘에는 노모포비아(nomophobia)라고 불리는 새로운 공포증이 있다.

　노모포비아는 'no-mobile-phone-phobia'의 준말이다. 물론 이것은 당신의 휴대전화가 없이 있는 것에 대한 두려움이다. 1000명을 대상으로 한 영국의 연구에서는 응답자들의 66퍼센트가 이러한 두려움을 느꼈다. 노모포비아가 있는 사람들은 자신들의 전화기를 보거나 만질 수 없으면 스트레스를 느낀다. 그들은 종종 메시지가 왔는지 전화기를 확인하고 심지어 화장실에도 전화기를 가지고 간다. 그들은 또한 배터리가 부족하면 매우 불안함을 느낀다.

　당신이 노모포비아를 갖고 있다고 생각한다면, 당신은 먼저 당신 전화기에 더 적은 시간을 쓰려고 노력해야 한다. 산책을 가거나 운동할 때는 그것을 집에 두어라. 당신은 또한 공부나 일을 할 때 그것을 꺼둘 수 있다. 하지만 이런 것들이 소용없다면 당신은 병원에 가야 한다.

문제 해설 **1** 새로운 공포증인 노모포비아의 증상과 대처법에 관한 내용이므로 ① '새로운 종류의 공포증'이 주제로 가장 알맞다.

　　[문제] 무엇에 관한 글인가?

　　② 두려움들을 극복하는 방법

　　③ 가장 흔한 두려움들

　　④ 새로운 기술로 인한 스트레스

　　⑤ 현대 사회의 필수품들

2 노모포비아의 증상들 중 휴대전화를 자주 바꾼다는 내용은 언급되지 않았다.

3 (1) 응답자들의 절반이 넘는 66퍼센트가 노모포비아를 겪고 있다고 했다. (8~9행)

　　(2) 글 마지막에서 자가 치료법들이 소용없다면 병원에 가야 한다고 했다. (16~17행)

4 노모포비아는 'no-mobile-phone-phobia'의 준말이라고 글에서 명시되어 있다. (7행)

　　Q: 노모포비아는 무엇의 준말인가?

　　A: 그것은 "no-mobile-phone-phobia"의 준말이다.

07행 Of course, this is **the fear of** *being without your cell phone.*
- the fear of는 '~에 대한 두려움'이라는 뜻이다. 전치사 of의 목적어로 동명사인 being이 왔다.
- being without your cell phone은 '휴대전화 없이 있는 것'의 의미이다.

09행 **People [with** nomophobia] feel stress when they cannot see or *feel* their phones.
- with가 이끄는 전치사구가 주어 People을 수식하고 있다. 해석하면 '노모포비아가 있는 사람들'의 뜻이다.
- 여기서 feel은 타동사로 '~을 만지다, 느끼다'의 의미이다.

14행 If you feel you have nomophobia, you should first **try to** *spend* less time on your phone.
- 〈try + to-v〉는 '~하기 위해 노력하다'라는 뜻이다.
- 〈spend + 시간/돈 + on〉은 '~에 시간/돈을 쓰다'라는 의미이다.

15행 **Leave** it **at home** when you take a walk or exercise.
- leave ~ at home은 '~을 집에 두다'라는 뜻이다.

22 Animal Waste

p.074

정답	**1** ③	**2** (1) T (2) T	**3** ③	**4** fuel	**5** ⓐ animal waste ⓑ The company

지문 해석

동물 농장에는 많은 가축 배설물이 있다. 가축 배설물은 농장 주변의 공기, 물, 그리고 토양에 유해하다. 농장주들은 그 배설물을 치워야 한다. 그들은 그것을 자신들이 농작물 재배하는 것을 돕기 위해 쓰거나 그렇지 않으면 내다 버린다.

인도에서는 시골에 사는 일부 사람들이 쇠똥을 말려서 그것으로 납작하고 둥근 케이크 모양을 만든다. 그런 다음 그 말린 케이크를 취사나 자신들의 집에 난방을 하기 위한 연료로 사용한다. 그들은 나무로 요리와 난방을 하곤 했다. 이제 그들은 더 적은 나무를 벤다.

텍사스에서는 한 회사가 가축 배설물을 이용해서 가스를 만든다. 농장주들은 그것을 그 회사에 가져갈 필요가 없다. 그 회사가 그것을 수거하러 간다. 그 회사는 심지어 농장주들에게 배설물 값을 지불한다. 그 회사는 매년 일억 갤런의 가스를 만든다. 그것은 매일 천 배럴의 석유를 절약한다!

문제 해설

1 가축 배설물을 연료로 사용하거나 가스로 만드는 사례를 소개하고 있으므로 ③ '가축 배설물의 재활용'이 가장 적절하다.
① 에너지를 절약하는 방법
② 동물 농장의 종류들
④ 가축 배설물을 버리는 방법
⑤ 가축 배설물로 인해 야기되는 문제들

2 (1) 가축 배설물은 농장 주변의 공기, 물, 토양에 나쁘다고 했다. (3~5행)
(2) 인도와 텍사스에서 가축 배설물은 가정용 연료나 가스로 바꾸는 사례를 소개하고 있다.
(1) 가축 배설물은 환경에 유해하다.
(2) 가축 배설물은 에너지로 바꿀 수 있다.

3 한 회사가 농장주로부터 가축 배설물을 수거하고 돈을 지불한다고 했으므로 ③ '그들은 그것을 판다'가 가장 알맞다. (12~14행) ①, ②는 일반적인 처리 방법이고, ④, ⑤는 인도의 사례이다.
[문제] 텍사스의 농장주들은 가축 배설물로 무엇을 하는가?
① 그들은 그것을 버린다.
② 그들은 농작물을 재배하기 위해 그것을 사용한다.
④ 그들은 똥 케이크를 만든다.
⑤ 그들은 취사와 난방에 그것을 사용한다.

4 '태웠을 때 열이나 전기를 만들어내는 것'이라는 의미를 가진 단어는 fuel(연료)이다. (10행)

[문제] 다음 주어진 뜻을 가진 단어를 글에서 찾아 쓰시오.

5 문맥상 ⓐ는 바로 앞 문장의 animal waste, ⓑ는 바로 앞 문장의 The company를 가리킨다.

구문 해설

06행 They use it **to help** *them grow* crops or just <u>throw it away</u>.
- to help는 to부정사의 부사적 용법으로 목적을 나타낸다.
- 〈help + 목적어 + (to)동사원형〉은 '~가 …하는 것을 돕다'의 의미이다. 해석하면 '그들이 농작물 재배하는 것을 돕기 위해'의 뜻이다.
- throw away(버리다)처럼 〈동사 + 부사〉로 이루어진 구가 하나의 의미를 나타내는 것을 '이어동사'라고 한다. 이어동사의 목적어가 일반명사인 경우에는 목적어가 부사의 앞과 뒤에 모두 올 수 있지만, 목적어가 대명사일 경우에는 반드시 동사와 부사 사이에 온다. *cf.* throw away it (X)

09행 Then, they use the dried cakes **as** a fuel *for cooking* or *heating* their homes.
- as는 '~로서'라는 의미이다.
- for는 '~을 위해'라는 의미로 목적을 나타낸다. 전치사 for의 목적어로 동명사 cooking과 heating이 쓰였다.

12행 Farmers **don't have to take** it to the company.
- 〈don't have to + 동사원형〉은 '~할 필요가 없다'란 뜻이다.

23 Three Jars

p.076

정답　　**1** ③　　**2** (1) b　(2) c　(3) a　　**3** save money　　**4** rewarding

지문 해설　저축하는 것은 우리 중 많은 이들에게 어렵다. 우리는 돈을 벌면 그것을 저축하기 보다 무언가에 쓰고 싶어 한다. 하지만 저축하는 것을 배우는 것은 매우 중요하다. 그것은 모든 사람에게 매우 중요한 기술이다.

저축하는 것을 시작하는 좋은 방법은 단지 시스템을 사용하는 것이다. 첫 번째 단계는 세 개의 단지를 마련하는 것이다. 그 다음, 단지에 '저금', '소비', '성장'이라는 목표가 적힌 라벨을 붙인다. '저축' 단지에는 스마트폰이나 멋진 옷과 같은 비싼 물건들을 위한 돈을 모을 수 있다. '소비' 단지는 당신이 정기적으로 살 필요가 있는 물건들을 위한 것이다. 마지막으로 '성장' 단지는 당신이 은행에 예금할 돈을 위한 것이다. 어떤 다른 것을 위해서도 그 돈은 쓰지 않도록 하라.

돈이 생길 때마다 그것을 세 개의 단지에 넣는 것을 규칙으로 하라. 처음에는 어려울 지도 모르지만 그것은 더 쉬워지고 더 보람될 것이다.

문제 해설　**1** 세 개의 단지를 이용해 저축하는 방법을 소개하고 있으므로 ③이 주제로 가장 알맞다.

2 '저축' 단지는 비싼 물건들, '소비' 단지는 정기적으로 살 필요가 있는 물건들, '성장' 단지는 은행에 예금할 돈을 위한 것이다. (6~9행)

3 단지 시스템은 돈을 저축하는 훌륭한 방법이다.

4 '당신에게 만족감, 기쁨, 혹은 이익을 주는'이라는 의미를 가진 단어는 rewarding(보람 있는)이다. (13행)

[문제] 다음 주어진 뜻을 가진 단어를 글에서 찾아 쓰시오.

구문 해설

01행 When we earn money, we want to spend it on something **rather than** save it.
- 〈A rather than B〉는 'B라기 보다는 A'라는 뜻이다.

04행 A great way **to begin** saving money is *to use* the jar system.
- to begin은 to부정사의 형용사적 용법으로 A great way를 수식한다.
- to use는 to부정사의 명사적 용법으로 be동사 뒤에서 주격보어 역할을 한다. 해석하면 '사용하는 것'이 된다.

The spend jar is for **items** [(**which**[**that**]) you need to buy regularly].

- [ ]는 items을 수식하는 관계대명사절이다. 이때 관계대명사절에는 목적격 관계대명사 which 또는 that이 생략되었다.

11행 **Whenever** you get money, *make it a rule to put* it in the three jars.

- whenever는 부사절 접속사로 '～할 때마다,' '～할 때는 언제든지'라는 의미이다.
- make it a rule to-v는 '～하는 것을 규칙으로 하다'의 의미이다.

24 Chimpanzees

p.078

정답	**1** ③	**2** ⑤	**3** ⑤	**4** gorillas are stronger than humans	**5** strong, dangerous

지문 해석 　모두가 고릴라는 인간보다 더 강하다는 것을 안다. 침팬지는 어떤가? 우리는 종종 텔레비전에서 귀엽고 작은 침팬지들을 본다. 그들은 우스운 옷을 입고 바보 같은 행동을 한다. 이 사랑스러운 동물들은 사실 매우 어리다. 다 자란 침팬지는 무게가 60킬로그램까지 나가고 힘이 매우 셀 수 있다.

　1926년에 뉴욕의 브롱크스(Bronx) 동물원에서 John Bauman이란 이름의 생물학자가 커다란 침팬지 한 마리의 힘을 시험해 보았다. Boma라는 이름의 그 동물은 한 손으로 384킬로그램을 당겼다. 그것은 평균적인 미식축구 선수가 당길 수 있는 것 보다 더 많은 것이다. 대부분의 선수들은 두 손으로 226킬로그램 이상을 당길 수 없다.

　그들이 귀엽고 착해 보일지 모르지만 침팬지는 사실 매우 위험한 동물이다. 그들은 분명 좋은 애완동물이 되지 않을 것이다. 그들은 인간을 해치고 심지어 죽일 수도 있다. 전문적인 동물 조련사들도 안전하지 않다. 그러므로 다음에 당신이 TV에서 귀엽고 친근한 침팬지를 보면 그것은 또한 힘이 세고 위험한 동물이라는 것을 기억하라.

문제 해설 **1** TV에서 비춰지는 모습과는 달리 침팬지가 힘이 세고 위험한 동물이라는 내용이므로 ③ '침팬지에 관해 당신이 몰랐던 사실들'이 가장 알맞다.

　① 침팬지는 얼마나 강한가
　② 왜 사람들은 침팬지를 좋아하는가
　④ 침팬지와 고릴라, 누가 더 강한가
　⑤ 침팬지와 인간의 유사점들

2 전문 조련사들도 안전하지 않다고 했으므로 ⑤는 내용과 일치하지 않는다. (13~14행)

3 침팬지가 미식축구 선수보다 더 큰 무게를 당겼다는 내용이 나오므로 ⑤ '힘'에 관한 실험임을 알 수 있다.
　① 지능 지수　　　② 기억력　　　③ 건강　　　④ 습관

4 '～보다 더 …한'은 〈비교급 + than〉으로 나타낸다.

5 사실, 침팬지는 매우 <u>힘이 세고</u>, <u>위험한</u> 동물이다.

구문 해설 10행 They may **look cute** and **nice**, but chimpanzees are actually very dangerous animals.
- 〈look + 형용사〉는 '～하게 보이다'의 의미이다.

11행 They definitely would not **make** good pets.
- 여기서 make는 '～이 되다'라는 의미로 주격보어를 취하는 동사이다.

14행 So **the next time** you see a cute and friendly chimp on TV, *remember* [that it's also a strong, dangerous animal].
- the next time은 부사절 접속사로 '다음에 ～할 때'라는 뜻을 나타낸다.
- [ ]는 동사 remember의 목적어절이다. 이때 접속사 that은 생략할 수 있다.

Ⓐ **1** 당신은 먼저 당신 전화기에 더 적은 시간을 쓰려고 노력해야 한다.

2 농장주들은 그 배설물을 치워야 한다.

3 모두가 고릴라는 인간보다 더 강하다는 것을 안다.

4 다 자란 침팬지는 무게가 60킬로그램까지 나가고 매우 힘이 셀 수 있다.

Ⓑ **1** <u>You can also turn it off</u> when you study or work.

2 Farmers <u>don't have to take it to the company</u>.

3 A great way to begin saving money <u>is to use the jar system</u>.

Ⓒ **1** Nomophobia <u>is</u> <u>short</u> <u>for</u> "no-mobile-phone-phobia."

2 They <u>used to</u> cook and heat with wood.

3 Whenever you get money, <u>make</u> <u>it</u> <u>a</u> <u>rule</u> to put it in the three jars.

Words & Phrases

p.083

A

1 natural	2 fair	3 포함하다	4 feed	5 tooth
6 거대한	7 city	8 사람	9 popular	10 area
11 soft	12 제공하다	13 맛있는	14 lazy	15 좋아하는
16 copy	17 다채로운	18 안에	19 백만장자	20 위험
21 role	22 낮추다	23 병	24 leader	25 뼈
26 원래는	27 부유한	28 운반하다	29 fur	30 거친
31 놀랍게도	32 즐겁게 하다	33 later	34 가지	35 (새끼) 주머니
36 cute	37 cold	38 바이러스	39 완두콩	40 실망한

B

1 is located	2 stay healthy	3 are related to	4 are known as	5 look like

25 The Origin of the Buffet

p.084

정답   **1** ⑤   **2** ①, ⑤   **3** (a) *smorgasbord* (b) *buffet*

| Summary | buffet system, *smorgasbord*, buffet tables, the US

지문 해석 모든 배고픈 사람들은 뷔페 식당에서 먹는 것을 아주 좋아한다. 뷔페는 전 세계적으로 인기가 있다. 사람들은 자신들이 좋아하는 많은 음식들을 먹을 수 있어서 그것을 좋아한다.

뷔페 방식은 스웨덴과 프랑스에서 시작되었다. 스웨덴에서는 스모가스보드(*smorgasbord*)라고 그것을 부른다. 스모가스보드는 스웨덴어로 '빵과 버터 테이블'이란 뜻이다. 원래 1300년대에 사람들은 빵과 버터만을 제공했다. 이후에 그들은 야채, 생선, 고기와 같은 음식들을 더 추가했다.

프랑스 사람들 또한 방문객들에게 같은 방법으로 음식을 제공했다. 그러나 그들은 훨씬 더 비싼 음식을 제공했다. 그들은 손님들을 위해 단순히 요리만 하는 것 대신에 즐겁게 해주길 원했다. 그들은 뷔페 테이블이라고 불리는 특별한 긴 테이블을 사용했다.

1939년 뉴욕 세계 박람회에서 스웨덴 사람들은 스모가스보드를 미국에 가져왔다. 그것은 인기를 끌었다. 곧 많은 식당들이 그 아이디어를 따라 했다. 어떤 사람들은 스웨덴 단어인 *smorgasbord*를 사용했고 또 다른 사람들은 프랑스 단어인 *buffet*를 사용했다.

문제 해설 **1** 1939년 뉴욕 세계 박람회에 소개된 후 인기를 끌었다는 내용이 나온다. (13~14행)

2 프랑스식 뷔페는 더 비싼 음식을 제공했으며 뷔페 테이블이라고 불리는 긴 테이블을 사용했다. (9~12행) ②, ③, ④는 글에서 언급되지 않았다.

3 뷔페를 가리키는 스웨덴어는 *smorgasbord*, 프랑스어는 *buffet*이다.

| Summary |

미국	*smorgasbord*	뷔페 테이블	뷔페 방식

<u>뷔페 방식</u>은 스웨덴과 프랑스에서 유래되었다. 스웨덴에서는 사람들이 그것을 *smorgasbord*라고 불렀다. 프랑스에서는 사람들이 <u>뷔페 테이블</u>이라고 불리는 긴 테이블 위에 음식을 제공했다. 1939년 스모가스보드는 <u>미국</u>에 소개되었고 인기를 끌었다. 지금은 전 세계에 많은 뷔페 식당들이 있다.

01행 **Every hungry person loves** to eat at buffet restaurants.
- every는 '모든'이라는 뜻이지만 뒤에 단수명사가 온다. 주어가 단수이므로 동사도 단수동사인 loves가 쓰였다.

04행 In Sweden, they **call it smorgasbord**.
- 〈call A B〉는 'A를 B라고 부르다'의 의미이다.

10행 They wanted to entertain their guests **instead of** just *cooking* for them.
- instead of는 '~ 대신에'의 의미이며, 전치사 of의 목적어로 동명사 cooking이 쓰였다.

15행 **Some** used the Swedish word smorgasbord, and **others** used the French word buffet.
- 〈some ~ others …〉는 '어떤 사람들은 ~, 또 다른 사람들은 …'이라는 의미이다.

26 The Smallest Countries

p.086

정답	**1** ④ **2** ③ **3** ② **4** Vatican City is the smallest country in the world.

지문 해석 나라를 생각할 때, 우리는 종종 그것을 거대한 땅덩어리로 생각하게 된다. 그러나 그것이 항상 사실은 아니다. 세계의 어떤 나라들은 정말로 작다.

바티칸 시는 도시이면서 나라이다. 우리는 그것을 도시국가라고 부른다. 바티칸 시는 세계에서 가장 작은 나라이다. 그것은 면적이 0.44 평방 킬로미터밖에 되지 않으며 천 명도 안 되는 사람들이 거기에 산다. 그것은 이탈리아의 로마 시 안에 위치하고 있다. 가톨릭 교황이 그 나라의 지도자이다.

또 다른 작은 나라는 모나코이다. 바티칸 시처럼 모나코도 도시국가이다. 그것은 면적이 2 평방 킬로미티이지만 3만5천명 이상의 국민이 있다. 그것은 작은 장소에 비해 많은 사람들이다. 원래 그 나라는 훨씬 더 작았다. 그것은 바다를 간척함으로써 더 커진 것이다. 모나코는 또한 부유한 나라로 알려져 있다. 놀랍게도 모나코 국민의 30퍼센트가 백만장자이다.

문제 해설 **1** 바티칸 시티는 0.44 평방 킬로미터에 천 명이 안 되는 사람들이 살고 있으며, 로마 시 안에 있고, 교황이 지도자라고 했다. ④ '사용 언어'는 언급되지 않았다.

2 바다를 간척함으로써 면적이 더 커졌다고 했으므로 ③은 틀린 내용이다. (11~12행)

3 주어진 문장의 that이 가리키는 내용은 인구 규모에 관한 내용이므로 모나코의 인구 수를 언급하고 있는 문장 다음인 ②가 가장 알맞다.

4 '가장 ~한'은 〈the + 최상급〉으로 나타낸다.

구문 해설 02행 But that is **not always** true.
- not always는 부분 부정의 의미로 쓰여 '항상 ~은 아니다'라는 뜻이다.

10행 Originally, the country was **even** smaller.
- even은 비교급을 강조하는 부사로서 '훨씬'의 의미이다. much, far, still, a lot도 비교급 강조 부사로 쓰인다.

11행 It became bigger **by reclaiming** land from the sea.
- 〈by + -ing〉는 '~함으로써'라는 의미이다.

13행 Monaco **is** also **known as** a wealthy country.
- be known as는 '~로 알려지다'의 의미이다.

27 What Color is Your Food?

p.088

정답	**1** ⑤	**2** ⑤	**3** ③	**4** green, orange	**5** colors, healthy

지문 해석 과일과 야채는 많은 색깔을 갖고 있다. 그것들은 다채롭고 맛있어 보인다. 하지만 당신은 이 색깔들이 당신의 몸에서 다른 역할들을 하는 것을 아는가?

　예를 들어, 토마토와 같은 붉은색 음식은 일부 암과 심장병에 걸릴 위험을 낮춰 준다. 그것들은 또한 당신이 감기와 바이러스를 물리치도록 돕는다. 브로콜리와 완두콩 같은 녹색 음식은 당신의 눈을 보호해 준다. 그것들은 또한 당신의 뼈와 튼튼한 치아에 좋다. 주황색 음식은 당신의 눈과 피부를 건강하게 만든다. 그것들은 또한 당신이 질병과 싸우는 데 도움을 준다. 오렌지, 호박, 당근은 모두 주황색 음식들의 좋은 예들이다. 보라색 음식은 당신의 두뇌에 매우 좋다. 그것들은 당신의 기억력을 향상시킨다. 보라색 음식에는 블루베리와 가지가 포함된다.

　그렇지만 다채로운 음식들 모두가 당신의 건강에 좋은 것은 아니다. 사탕과 젤리 같은 음식은 천연 색깔을 갖고 있지 않다. 이 색깔들은 그 식품들을 맛있어 보이게 만들뿐이다. 항상 다양한 색깔의 자연 식품들을 먹으려고 노력하라. 그것들은 당신이 성장하고 건강을 유지하도록 도울 것이다.

문제 해설　**1** 빈칸은 이 글의 주제에 해당된다. 글 전반에 걸쳐 음식의 색깔에 따른 효능에 대해 설명하고 있으므로 빈칸에는 ⑤ '당신의 몸에서 다른 역할들을 하는 것'이라는 말이 들어가야 가장 알맞다.
　① 천연이 아닌 것을
　② 당신의 기분에 영향을 주는 것을
　③ 당신을 아프게 만드는 것을
　④ 당신이 암에 걸릴 위험을 줄여주는 것을

2 기억력을 향상시켜주는 것은 보라색 음식이다. (10~11행)

3 건강에 좋지 않은 음식으로 사탕과 젤리가 언급되었으며, 그 이유로 천연 색깔을 갖고 있지 않다는 점이 언급되어 있다. (12~13행)

4 녹색 음식은 눈을 보호해주고(6행), 주황색 음식은 눈을 건강하게 만들어준다(7~8행).

5 많은 다양한 색깔들을 가진 과일과 야채를 먹는 것은 당신을 건강하게 유지시켜 준다.

구문 해설　04행　For example, red foods **like** tomatoes *lower* your risk of getting some cancers and heart disease.
　• like는 전치사로 쓰여 '~와 같은'의 의미이며 문장 전체의 동사는 lower(낮추다)이다.

　07행　Orange foods **make your eyes and skin healthy**.
　• 〈make + 목적어 + 형용사〉는 '~을 …하게 만들다'란 뜻이다. 해석하면 '당신의 눈과 피부를 건강하게 만든다'라는 의미이다.

　12행　**Not all** colorful foods are good for your health *though*.
　• 부정어 not과 all이 함께 쓰인 부분 부정으로 '모두 ~은 아니다'로 해석한다.
　• though는 주로 문장 끝에 쓰여서 '그렇지만'의 의미로 쓰인다.

　15행　They will **help you grow** and *stay* healthy.
　• 〈help + 목적어 + (to)동사원형〉은 '~가 …하는 것을 돕다'의 의미이다. help의 목적격보어로 동사원형 grow와 stay가 쓰였다.
　• stay healthy는 '건강을 유지하다'라는 의미이다.

28 Cute Koalas

| 정답 | **1** ③ | **2** ⑤ | **3** ④ | **4** 새끼 주머니가 있다, 호주에만 산다 | **5** save energy |

지문 해석

세계에서 가장 귀여운 동물은 무엇인가? 많은 사람들이 코알라라고 말할 것이다. 어떤 사람들은 그들이 곰처럼 보이기 때문에 코알라 곰이라고 부른다. 하지만 그들은 사실 캥거루와 관련이 있다. 코알라는 주머니가 있으며 그들의 새끼를 그 주머니 안에 넣고 다닌다. 캥거루처럼 그들도 호주에서만 산다.

많은 사람들은 코알라가 게으르다고 생각한다. 사실 그들은 느리게 움직이고 하루 22시간을 잠을 자며 보낸다. 그러나 그들의 행동에는 충분한 이유가 있다. 그들은 오직 한 가지 음식만 먹는다. 그들은 유칼립투스 나무의 잎을 먹는다. 이 잎들은 많은 에너지를 제공하지 않는다. 그래서 코알라는 천천히 움직이고 대부분의 시간을 잠을 잠으로써 에너지를 아낀다.

코알라는 그다지 활동적이지는 않지만, 많은 사람들이 그들이 잘 기어오르고 잘 달리며 훌륭한 수영 선수라는 것을 모른다. 사람들은 또한 코알라가 매우 부드러워 보인다고 생각한다. 하지만 그들이 그것을 만져보면 실망할 것이다. 코알라의 털은 사실 매우 뻣뻣하다.

문제 해설

1 코알라에 관해 잘 몰랐던 사실들을 소개하는 내용이므로 ③ '코알라에 관한 흥미로운 사실들'이 제목으로 적절하다. ①, ⑤는 글의 일부에만 해당하므로 제목으로 알맞지 않다.
① 코알라의 식습관
② 호주에 사는 동물들
④ 세계에서 가장 귀여운 동물들
⑤ 코알라와 캥거루의 유사점

2 주어진 문장의 These leaves는 문맥상 유칼립투스 잎을 가리키며, 에너지를 많이 제공하지 않는 것에 대한 결과가 So로 시작되는 문장에 나오므로 ⑤의 위치에 와야 자연스럽다.

3 코알라는 잘 기어오르고, 잘 달리며, 수영도 잘한다고 했으므로 ④ '그들은 잘 달리지 못한다'는 일치하지 않는다. (15행)
① 그들은 곰과 관련이 없다.
② 그들은 유칼립투스 잎만 먹는다.
③ 그들은 하루에 20시간 이상 잔다.
⑤ 그들의 털은 부드럽지 않다.

4 코알라와 캥거루는 서로 관련되어 있으며 새끼 주머니가 있고 호주에만 산다는 공통점이 있다. (5~8행)

5 코알라는 에너지를 아끼기 위해 느리게 움직이고 그들 대부분의 시간을 잠을 자며 보낸다.

구문 해설

09행 In fact, they move slowly and **spend 22 hours *a day* sleeping**.
• 〈spend + 시간 + -ing〉는 '~하며 시간을 보내다'의 의미이다.
• a day는 '하루에'라는 뜻이다. 부정관사 a가 '~마다, ~에'라는 뜻의 단위 역할을 한다.

12행 So koalas save energy **by moving** slowly and **sleeping** most of the time.
• 〈by + -ing〉는 '~함으로써'의 의미이다. 전치사 by의 목적어로 동명사 moving과 sleeping이 쓰였다.

15행 People also think [**that** koalas *look* very *soft*].
• think의 목적어로 접속사 that이 이끄는 절이 쓰였다.
• 〈look + 형용사〉는 '~하게 보이다'의 의미이다. *cf.* look softly (X)

16행 But they **would** be disappointed *to touch one*.

• 조동사 would는 추측의 의미로 '～할 것이다'란 뜻이다.

• to부정사가 조건절을 대신하여 쓰인 경우로 to touch one은 if they touch one의 의미이다.

focus On Sentences

p.092

A 1 어떤 사람들은 스웨덴 단어인 *smorgasbord*를 사용했고, 또 다른 사람들은 프랑스 단어인 *buffet*를 사용했다.

2 당신은 이 색깔들이 당신의 몸에서 다른 역할들을 하는 것을 아는가?

3 그렇지만 다채로운 음식들 모두가 당신의 건강에 좋은 것은 아니다.

4 많은 사람들은 코알라가 게으르다고 생각한다.

B 1 Vatican City <u>is the smallest country in the world</u>.

2 They will <u>help you grow and stay healthy</u>.

3 In fact, they move slowly and <u>spend 22 hours a day sleeping</u>.

C 1 It <u>is</u> <u>located</u> inside the city of Rome, Italy.

2 Monaco <u>is</u> also <u>known</u> as a wealthy country.

3 They would <u>be</u> <u>disappointed</u> to touch one.

Words & Phrases

p.095

A					
1 sail	**2** zoo	**3** boat	**4** 도착하다	**5** 수집가	**6** polite
7 ~의 가치가 있는	**8** 매끄러운, 순조로운		**9** 암초		**10** 이루다, 성취하다
11 불행하게도	**12** 여행, 여정	**13** hit	**14** 바라건대	**15** 전시(회)	**16** 항해
17 lonely	**18** safety	**19** 강철	**20** 저널리스트, 기자		**21** 주인
22 여행하다	**23** 신호	**24** 끝나다	**25** 접시	**26** knife	**27** 바르게, 정확하게
28 젓가락	**29** paint	**30** 비평가	**31** 혼자	**32** brush	**33** rock
34 사실	**35** 빈, 비우다	**36** 무례한, 실례되는		**37** 국수, 면	**38** 미술관
39 ~의 나이에	**40** 수천의, 무수한				

B				
1 set sail	**2** deal with	**3** become friends with	**4** tell the difference	**5** from, to

29 A Teen Sailor

p.096

> 정답   **1** ②   **2** (1) T (2) F   **3** ②   **4** 혼자서 세계를 항해한 가장 어린 사람이 되는 것   **5** voyage

지문 해석   2010년 8월, 한 네덜란드 소녀가 네덜란드에서 출항했다. 그녀의 이름은 Laura Dekker이며 14살이었다. 그녀는 혼자서 세계를 항해한 가장 어린 사람이 되고 싶었다.

항해하는 동안 그녀는 여러 아름다운 곳에서 멈췄다. 그녀는 갈라파고스 섬, 피지, 보라보라, 그리고 호주에 갔다. 하지만 그녀의 여행이 항상 순조로운 것은 아니었다. 그녀는 악천후와 다른 문제들에 대처해야만 했다.

Laura는 여러 달을 자신의 배에서 혼자 보냈다. 하지만 그녀는 외롭지 않았다. 그녀는 자신의 배와 좋은 친구가 되었고 그것을 Guppy라고 이름 지었다. 그녀는 자신의 블로그에 "Guppy는 아주 잘 들어주고 결코 내가 틀렸다고 말하지 않는다."라고 썼다.

519일 후 Laura는 자신의 여정을 마치고 마침내 자신의 목표를 이루었다. 2012년 1월 21일 그녀는 열 여섯 살의 나이로 네덜란드에 도착했다.

문제 해설   **1** Laura가 어떤 종류의 배로 항해를 했는지는 글에 언급되지 않았다.

① 그녀는 어디에서 출항했는가? (1행)

② 그녀는 어떤 종류의 배로 항해를 했는가? (언급되지 않음)

③ 출항했을 때 그녀는 몇 살이었는가? (2행)

④ 항해 동안 그녀는 어디에 갔는가? (4~5행)

⑤ Laura의 항해는 얼마나 오래 걸렸는가? (12~13행)

2 (1) *Guppy*는 그녀의 배 이름이다. (9행)

(2) 519일 후에 돌아왔으므로 2년이 걸리지 않았다. (12행)

(1) *Guppy*는 그녀의 배 이름이다.

(2) 그녀의 여행은 2년 이상 걸렸다.

3 십대에 혼자 항해를 떠난 것으로 보아 매우 용기 있는 성격임을 알 수 있다.

① 친절한   ② 용감한   ③ 이기적인   ④ 신중한   ⑤ 사교적인

4 2~3행에서 Laura가 항해를 떠난 이유로 언급된 '혼자서 세계를 항해한 가장 어린 사람이 되는 것'이 목표에 해당된다.

'특히 배로 하는 긴 여행'의 의미를 가진 단어는 voyage(항해)이다. (4행)

[문제] 다음 주어진 뜻을 가진 단어를 글에서 찾아 쓰시오.

구문 해설

02행 She wanted **to be** the youngest person *to sail* around the world alone.
- to be는 wanted의 목적어로 쓰인 명사적 용법의 부정사이고 to sail은 person을 수식하는 형용사적 용법의 부정사이다.

05행 But her trip was **not always** smooth.
- not always는 부분 부정의 의미로 쓰여 '항상 ～은 아니다'라는 뜻이다.

09행 She **became** good friends with her boat and *named* it Guppy.
- 주어 she에 두 개의 동사 became과 named가 연결되어 있다.
- 〈name A B〉는 'A를 B라고 이름 짓다'의 의미이다.

30 Eating Around the World

p.098

정답	**1** ④ **2** (1) T (2) F **3** ③ **4** you enjoyed your food

지문 해석 부모들은 자녀들에게 바르게 먹는 법을 가르친다. 하지만 세계를 여행하면 당신은 <u>식사 예절이 나라마다 다르다</u>는 것을 알게 된다.

예를 들어 어떤 나라들에서 당신은 포크와 나이프로 먹어야 한다. 많은 아시아 나라들에서는 젓가락이 사용된다. 그러나 인도, 그리고 많은 아랍과 아프리카 나라들에서는 손으로 먹는 것이 정상이다.

대부분의 나라에서, 당신이 먹을 때 소리를 내는 것은 무례하다. 그러나 일본에서 국이나 국수를 먹을 때 소리를 내는 것은 괜찮다. 중국에서 당신은 심지어 식사를 많이 한 후에 트림을 할 수도 있다. 이것들은 당신이 당신의 음식을 즐겼다는 신호이다.

이집트 같은 몇몇 나라들에서 당신은 접시에 음식을 약간 남겨야 한다. 만약 당신이 접시를 비우면 주인은 당신이 아직 배고프다고 생각하고 당신에게 음식을 더 줄지도 모른다. 반면에, 일본에서는 접시에 있는 음식을 다 먹는 것이 예의 바른 것이다. 이것은 당신이 그 음식을 좋아했다는 것을 보여준다.

문제 해설 **1** 빈칸이 있는 문장은 이 글의 주제문이다. 빈칸 뒤에 나라 마다 다른 식사 예절들에 대한 예들을 소개하고 있으므로 ④ '식사 예절은 여러 나라마다 다르다'가 가장 적절하다.
① 식사 예절은 시간이 지남에 따라 바뀌었다
② 대부분의 식사 예절은 모두에게 공통적이다
③ 바른 식사 예절은 아이들에게 중요한 기술이다
⑤ 어떤 부모들은 자녀들에게 식사 예절을 가르치지 않는다

2 (1) 인도를 비롯해 많은 아랍과 아프리카 나라들에서 손으로 먹는 것은 정상이다. (9～10행)
(2) 일본에서는 음식을 모두 먹는 것이 예의라고 나온다. (17～19행)
(1) 인도에서는 손으로 먹는 것은 괜찮다.
(2) 일본에서는 음식을 남기는 것이 예의이다.

3 이집트에서는 접시를 비우면 주인은 당신이 아직 배고프다고 생각하고 음식을 더 줄지도 모른다. (16～17행)
[문제] 이집트에서 당신이 접시를 다 비운다면, 주인은 _____ 생각할 지도 모른다.
① 당신이 배가 부르다고
② 당신이 몸이 좋지 않다고
③ 당신이 음식을 더 필요로 한다고

④ 당신이 음식을 즐겼다고

⑤ 당신이 음식을 좋아하지 않았다고

4 중국에서 식사를 많이 한 후 트림을 하는 것은 식사를 즐겼다는 의미이다. (13~14행)

Q: 중국에서 식사 후에 트림을 하면 무엇을 의미하는가?

A: 그것은 당신이 당신의 음식을 즐겼다는 것을 의미한다.

구문 해설

01행 Parents **teach their children to eat** correctly.
· 〈teach + 목적어 + to-v〉는 '~에게 …하는 법을 가르치다'의 의미이다.

02행 However, in India and many Arab and African countries, **it** is normal **to eat with your hands**.
· it은 진주어인 to eat ~ hands을 대신하여 주어 자리에 쓰인 가주어이다. '그것'이라고 해석하지 않도록 주의한다.

13행 These are **signs that** you enjoyed your food.
· that은 동격의 명사절을 이끄는 접속사로 '~라는'으로 해석한다. signs that은 '~라는 신호'의 의미이다.

16행 If you empty your plate, your host **may think** you are still hungry and *give* you more food.
· 조동사 may의 본동사로 think와 give가 쓰였다.
· give you more food는 〈give A B〉 구문으로 '당신에게 더 많은 음식을 주다'의 의미이다.

31 Peter the Painter

p.100

정답   **1** ②   **2** (1) F (2) T   **3** ④

4 그 그림들을 침팬지가 그렸다는 것 (또는 Pierre Brassau가 침팬지였다는 것)

| *Summary* | chimpanzee, critics, French artist, loved

지문 해석   당신은 침팬지가 인간처럼 그림을 그릴 수 있다고 생각하는가? 1964년 스웨덴의 한 기자는 그 질문에 답을 하고자 노력했다. 그는 동물원에 갔고 Peter라는 이름의 네 살짜리 침팬지를 발견했다. 그 다음 그는 Peter의 조련사에게 그에게 붓과 물감을 줄 것을 요청했다. Peter는 동물원에서 많은 그림들을 창작했다.

그 기자는 Peter의 가장 잘 그린 그림 네 점을 스웨덴의 한 미술관에 가져갔다. 그는 그 그림들이 Pierre Brassau라는 이름의 프랑스인 화가의 것이라고 말했다. 비평가들은 그 그림들을 매우 좋아했다. 그들은 인간의 예술과 침팬지의 작품 사이의 차이를 구별할 수 없었다. 그들은 Pierre Brassau가 훌륭한 화가라고 말했다.

후에 그 기자는 그들에게 사실을 말했다. 하지만 한 비평가는 그 침팬지의 작품들을 '여전히 그 전시에서 가장 훌륭한 그림들'이라고 말했다. 한 미술 수집가는 그 그림들 중 하나를 90달러에 샀다. 그것은 지금 473달러의 가치가 있다!

문제 해설   **1** 빈칸 이후로 비평가들이 침팬지가 그린 그림과 인간이 그린 그림을 구별할 수 없었다는 내용이 나온다. 따라서 ② '인간처럼 그림을 그릴 수 있다'가 들어가야 자연스럽다.

① 감정을 표현할 수 있다

③ 인간보다 더 똑똑하다

④ 새로운 언어를 배울 수 있다

⑤ 노래 부르고 춤 추는 것을 즐긴다

2 (1) Peter가 그림을 배웠다는 언급은 없다.

　　(2) 비평가들은 Peter의 그림을 매우 좋아했으며, 그가 침팬지라는 사실을 알고 난 이후에도 가장 훌륭한 그림들 중 하나라고 했다. (8행, 11~13행)

　　(1) Peter는 동물원에서 그리는 법을 배웠다.

　　(2) 비평가들은 Peter의 그림을 칭찬했다.

3 ⓓ는 앞 문장의 The journalist를 가리키며 나머지는 모두 침팬지 Peter를 가리킨다.

4 앞서 기자는 비평가들에게 그 그림들이 프랑스인 화가 Pierre Brassau가 그린 것이라고 말했다. 따라서 the truth는 '그 그림들을 침팬지가 그렸다는 것' 또는 'Pierre Brassau가 침팬지였다는 것'이 되어야 한다. (7~8행)

| *Summary* |

| 비평가들 　　매우 좋아했다 　　침팬지 　　프랑스 화가 |

한 스웨덴 기자가 <u>침팬지</u> 한 마리에게 그림을 그리도록 시켰다. 그는 <u>비평가들</u>이 인간이 그 그림들을 그리지 않았다는 것을 알아차릴지 알고 싶었다. 그래서 그는 침팬지의 작품들을 미술관에 전시했고 한 <u>프랑스 화가</u>가 그것들을 그렸다고 말했다. 비평가들은 그것들을 <u>매우 좋아했고</u> 침팬지가 그렸다는 것을 몰랐다.

구문 해설

04행　Then, he **asked Peter's trainer to *give*** him a brush and paint.
- 〈ask + 목적어 + to-v〉는 '~에게 …하도록 요청하다'의 의미이다.
- give him a brush and paint는 '그에게 붓과 물감을 주다'라는 뜻이다.

08행　They could not **tell the difference** *between* human art *and* a chimp's work.
- tell the difference는 '구별하다'라는 의미이다. 뒤에 between A and B 구문과 함께 쓰이면 'A와 B 사이의 차이를 구별하다'라는 의미이다.

11행　Later, the journalist **told them the truth**.
- 〈tell A B〉는 'A에게 B를 말하다'라는 의미이다. B의 위치에 접속사 that이 이끄는 절이 오기도 한다.
　cf. He **told me that it was true**.

32　The *Exxon Valdez* Disaster

p.102

| 정답 　**1** ⑤ 　　**2** ① 　　**3** ③ 　　**4** 모든 유조선의 선체는 두 개의 강철 벽을 가지고 있어야 한다. |

지문 해석　1989년 3월, 유조선 엑슨발데즈(*Exxon Valdez*) 호는 알래스카에서 캘리포니아까지 기름을 운반하고 있었다. 불행히도 3월 24일 그 유조선은 알래스카 근해에서 사고가 났다. 그것은 암초에 부딪혀 엄청난 양의 기름을 바다로 유출시켰다. 이것은 역사상 최악의 환경 사고들 중 하나였다.

　　기름은 그 지역의 많은 동물들을 죽게 했다. 그 기름 유출 이후 새, 수달, 바다표범과 같은 수천 마리의 동물들을 비롯해 물고기와 그들의 알들이 죽었다. 그 기름은 치우기가 매우 어려웠다. 지금까지도 그곳 바위와 모래 위에는 많은 기름이 있다. 720킬로미터가 떨어진 곳에 사람들은 아직도 그 사고로 인한 기름을 발견할 수 있다.

　　엑슨발데즈 기름 유출 사고 이후, 사람들은 유조선 안전을 위한 새로운 규칙들을 만들었다. 엑슨발데즈 호의 선체는 하나의 얇은 벽만을 갖고 있었다. 이제 모든 유조선의 선체는 두 개의 강철 벽을 갖고 있어야 한다. 이런 사고가 다시는 일어나지 않기를 바랄 뿐이다.

문제 해설　**1** 지금까지도 바위와 모래 위에 기름들이 있으며 720킬로미터가 떨어진 곳에서도 기름이 발견되고 있다고 했으므로 ⑤는 내용과 일치하지 않는다. (8~10행)

2 엑슨발데즈 호는 암초에 부딪혀 기름이 유출되었다. (4행)

[문제] _____ 때문에 기름이 유조선 엑슨발데즈 호에서 유출되었다.

① 그것이 암초에 부딪혔기

② 그것이 너무 낡았기

③ 그것이 빙하에 부딪혔기

④ 그것이 폭풍우에 뒤집혔기

⑤ 그것이 다른 배와 충돌했기

3 주어진 문장은 아직까지도 기름이 많이 남아있다는 내용이 시작되는 문장 바로 앞인 ③에 놓여야 알맞다.

4 new rules의 내용은 뒤에 언급되고 있다. 즉, 이제 모든 유조선의 선체는 두 개의 강철 벽을 가지고 있어야 한다는 내용이다. (13~14행)

구문 해설

01행 In March 1989, the oil tanker *Exxon Valdez* **was carrying** oil *from* Alaska *to* California.

• 〈was/were + -ing〉는 '~하는 중이었다'라는 뜻의 과거진행 시제이다.

• 〈from A to B〉는 'A부터 B까지'의 의미이다.

09행 720 kilometers **away**, people can still find oil from the accident.

• away는 부사로서 '떨어진 곳에'라는 의미이다.

focus On Sentences

p.104

A **1** 그녀는 혼자서 세계를 항해한 가장 어린 사람이 되기를 원했다.

2 대부분의 나라에서, 당신이 먹을 때 소리를 내는 것은 무례하다.

3 이것들은 당신이 당신의 음식을 즐겼다는 신호이다.

4 유조선 엑슨발데즈 호는 알래스카에서 캘리포니아까지 기름을 운반하고 있었다.

B **1** She became good friends with her boat and named it *Guppy*.

2 Parents teach their children to eat correctly.

3 He asked Peter's trainer to give him a brush and paint.

C **1** She arrived in the Netherlands at the age of 16.

2 They could not tell the difference between human art and a chimp's work.

3 Thousands of animals such as birds, otters, seals, and fish and their eggs died.

WORKBOOK ANSWER KEYS

UNIT 01   p.02~03

A 1 beard 턱수염   2 shrink 줄어들다
   3 solve 해결하다   4 chase 뒤쫓다
   5 negative 부정적인   6 crop 농작물
   7 litter 쓰레기   8 symbol 상징
B 1 ④   2 ②
C 1 are afraid of   2 the other way
   3 looked around
D 1 그들의 목표는 그 경기에서 우승하는 것이다.
   2 그의 꿈은 배우가 되는 것이다.
   3 나의 계획은 오늘 그 일을 끝내는 것이다.
E 1 He turned off the TV because he had to study.
   2 She wore a raincoat because it rained a lot.
   3 I want to be an astronaut because I like space and science.
F 1 More and more people have smartphones.
   2 Make sure to bring your camera.
   3 about how to solve the problem
   4 We should keep the classroom clean.

UNIT 02   p.04~05

A 1 fortune 운   2 latest 최신의
   3 fearless 두려움을 모르는
   4 destroy 파괴하다   5 disappear 사라지다
   6 sailor 선원   7 traditional 전통적인
   8 dessert 디저트, 후식
B 1 ②   2 ④
C 1 takes place   2 a couple of
   3 keep an eye on
D 1 Skating is my favorite sports.
   2 Standing on the subway hurts my legs.
   3 Being careful is important when you cross the road.
E 1 enjoy cooking
   2 finished doing the dishes
   3 kept making noises
F 1 Getting enough sleep is good for health.
   2 I want to drink something cold.
   3 It is no surprise that he won the prize.
   4 I want you to pass the exam.

UNIT 03   p.06~07

A 1 excellent 훌륭한   2 customer 고객
   3 recover 회복하다   4 active 활동적인
   5 quiet 조용한   6 inspire 영감을 주다
   7 visit 방문하다   8 secret 비밀
B 1 ④   2 ③
C 1 for free   2 take a break
   3 gain weight
D 1 to help   2 to learn
   3 to buy
E 1 something cold   2 anything different
   3 someone important   4 something new
F 1 Make sure you get enough sleep
   2 She practiced playing the piano
   3 David decided to lose weight
   4 waste time watching TV

UNIT 04   p.08~09

A 1 melt 녹이다   2 shock 충격을 주다
   3 positive 긍정적인   4 precious 귀중한
   5 wipe 닦다   6 invent 발명하다
   7 protect 보호하다   8 improve 개선하다
B 1 ②   2 ③
C 1 is used to   2 dream about
   3 is covered with
D 1 to my parents   2 his new cell phone to
   3 his umbrella to Sera
E 1 One   2 others
   3 the other
F 1 replace old things with new ones
   2 changes its color to protect itself
   3 You can save both time and money
   4 gave us two musical tickets

A   **1** wrong 틀린, 잘못된   **2** gentle 온순한
    3 nickname 별명   **4** suit 정장, 양복
    5 welcome 환영하다   **6** masterpiece 걸작
    7 rarely 거의 ~하지 않다
    8 raise 올리다

B   **1** ④   **2** ③

C   **1** make a mistake   **2** throw a party
    3 in danger

D   **1** should   **2** should not
    3 should   **4** should not

E   **1** We call this bread a baguette.
    2 They named their baby Jessica.
    3 Some people call New York "the Big Apple."

F   **1** is rarely late for school
    2 should not give him a prize
    3 can help you relax
    4 I was very proud of myself

A   **1** countryside 시골 (지역)
    2 valuable 귀중한   **3** nervous 불안한
    4 jar 병, 단지   **5** exercise 운동하다
    6 save 절약하다   **7** average 평균의
    8 biologist 생물학자

B   **1** ③   **2** ④

C   **1** take a walk   **2** turn off
    3 is short for

D   **1** have to   **2** don't have to
    3 has to   **4** doesn't have to

E   **1** younger than   **2** more difficult than
    3 better than   **4** more useful than

F   **1** can carry up to 30 people
    2 Don't spend too much time on SNS.
    3 used to play soccer together
    4 make it a rule to read

A   **1** landmass 땅덩어리, 대륙
    2 feed 먹이다   **3** pouch (새끼) 주머니
    4 entertain 즐겁게 하다   **5** fur 털
    6 provide 제공하다   **7** disappointed 실망한
    8 fair 박람회

B   **1** ①   **2** ④

C   **1** is known as   **2** are related to
    3 is located

D   **1** the longest   **2** the best
    3 the deepest   **4** the most popular

E   **1** People believe ✓ this story is true.
    2 The teachers said ✓ all students should take a test.
    3 I didn't know ✓ he was sick yesterday.
    4 We think ✓ Kate is a good student.

F   **1** Vitamin C plays an important role
    2 helps you stay healthy
    3 spends three days a week exercising
    4 was disappointed to find out

A   **1** sail 항해하다   **2** alone 혼자
    3 host 주인   **4** truth 사실
    5 arrive 도착하다
    6 achieve 이루다, 성취하다
    7 exhibition 전시(회)   **8** critic 비평가

B   **1** ①   **2** ③

C   **1** sets sail   **2** at the age of
    3 tell the difference

D   **1** It is exciting to go to a movie.
    2 It is important to keep the promises.
    3 It is very difficult to understand this sentence.

E   **1** was doing my homework
    2 were having dinner
    3 were talking on the phone

F   **1** Thousands of people are standing
    2 the best person to ask this question
    3 become friends with the new student
    4 teach their children to wear seat belts

MEMO

MEMO

MEMO

내신공략! 독해공략!

내공

중학영어독해

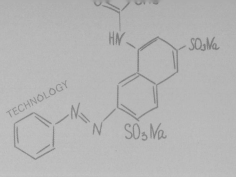

내신공략! 독해공략!

내공
중학영어독해

Workbook

입문 **2**

내신공략! 독해공략!

내공
중학영어독해

입문**2**

Workbook

DARAKWON

UNIT **01** / REVIEW TEST

A 다음 영영풀이에 알맞은 단어를 골라 쓴 후 우리말 뜻을 쓰시오.

crop	litter	beard	symbol
solve	chase	shrink	negative

1 hair that grows around a man's chin and cheek   _____ _____

2 to become smaller in size   _____ _____

3 to find the answer to a problem   _____ _____

4 to follow someone or something quickly   _____ _____

5 harmful, bad, not wanted   _____ _____

6 a plant that is grown for food   _____ _____

7 trash thrown away on the ground   _____ _____

8 something that expresses a certain concept   _____ _____

B 밑줄 친 단어와 비슷한 의미의 단어를 고르시오.

1 There are <u>dirty</u> clothes in the box.

    ① dry   ② soft   ③ hard   ④ unclean

2 Some people do not like to show their <u>emotions</u>.

    ① opinions   ② feelings   ③ ideas   ④ beliefs

C 다음 문장의 빈칸에 들어갈 알맞은 말을 골라 쓰시오.

looked around	are afraid of	the other way

1 Most children _____ the dark.

2 You should turn the key _____ .

3 We _____ the city and took some pictures.

D 다음 문장을 to부정사의 사용에 유의하여 우리말로 해석하시오.

1 Their goal is to win the race.

_____

2 His dream is to become an actor.

_____

3 My plan is to finish the work today.

_____

E 다음 두 문장을 because를 이용하여 한 문장으로 만드시오.

1 He turned off the TV. He had to study.

→ _____

2 It rained a lot. She wore a raincoat.

→ _____

3 I like space and science. I want to be an astronaut.

→ _____

Writing Practice

F 우리말과 같은 뜻이 되도록 주어진 말을 바르게 배열하시오.

1 점점 더 많은 사람들이 스마트폰을 갖고 있다.
(more, people, have, and, more, smartphones)

_____

2 너의 카메라를 꼭 가져오도록 해. (bring, make, camera, to, your, sure)

_____

3 나에게 그 문제를 풀 방법에 대한 생각이 있다. (solve, about, the, to, how, problem)

I have an idea _____.

4 우리는 교실을 깨끗하게 유지해야 한다. (should, the, clean, we, keep, classroom)

_____

Vocabulary Practice

A 다음 영영풀이에 알맞은 단어를 골라 쓴 후 우리말 뜻을 쓰시오.

latest	sailor	destroy	traditional
fearless	fortune	disappear	dessert

1 luck, especially good luck _____ _____

2 the most recent or the newest _____ _____

3 not afraid of anyone or anything _____ _____

4 to damage something badly _____ _____

5 to become impossible to see _____ _____

6 someone who works on a boat or ship _____ _____

7 following older ideas and methods _____ _____

8 sweet food that is eaten after a meal _____ _____

B 밑줄 친 단어와 비슷한 의미의 단어를 고르시오.

1 The music festival is one of the <u>major</u> school events.

① last   ② main   ③ difficult   ④ interesting

2 The company is trying to <u>boost</u> sales of its new product.

① fall   ② keep   ③ bring   ④ increase

C 다음 문장의 빈칸에 들어갈 알맞은 말을 골라 쓰시오.

a couple of	takes place	keep an eye on

1 The film festival _____ in April.

2 I'll talk about _____ things today.

3 You should _____ your purse.

D　다음 밑줄 친 부분을 어법에 맞게 고쳐 문장을 다시 쓰시오.

1　<u>Skate</u> is my favorite sports.

　　→ _____

2　<u>Stand</u> on the subway hurts my legs.

　　→ _____

3　<u>Be careful</u> is important when you cross the road.

　　→ _____

E　우리말과 같은 뜻이 되도록 (　) 안의 말을 이용하여 문장을 완성하시오.

1　나는 내 친구들을 위해 요리하는 것을 즐긴다. (cook)

　　I _____ _____ for my friends.

2　나는 설거지 하는 것을 마쳤다. (do the dishes)

　　I _____ _____ _____ _____.

3　그 아이들은 계속해서 소란을 피웠다. (make noises)

　　The children _____ _____ _____.

F　우리말과 같은 뜻이 되도록 주어진 말을 바르게 배열하시오.

1　충분한 수면을 취하는 것은 건강에 좋다. (enough, sleep, getting, health, for, is, good)

　　_____

2　나는 시원한 것을 마시고 싶다. (drink, want, cold, to, something, I)

　　_____

3　그가 상을 탄 것은 놀라운 일이 아니다. (it, surprise, the, no, he, is, that, prize, won)

　　_____

4　나는 네가 시험에 통과하기를 원한다. (I, exam, to, you, want, the, pass)

　　_____

UNIT **03** / REVIEW TEST

Vocabulary Practice

A 다음 영영풀이에 알맞은 단어를 골라 쓴 후 우리말 뜻을 쓰시오.

visit	quiet	secret	excellent
customer	inspire	active	recover

1 very good; great _____ _____

2 someone who buys goods or services _____ _____

3 to get better after an illness _____ _____

4 doing a lot of activities _____ _____

5 making very little or no noise _____ _____

6 to give people a particular feeling _____ _____

7 to go to a place _____ _____

8 something that is known by only a few people _____ _____

B 밑줄 친 단어와 비슷한 의미의 단어를 고르시오.

1 The cake looks very <u>tasty</u>.

① soft   ② sweet   ③ beautiful   ④ delicious

2 They are <u>raising</u> money to build a school in Africa.

① saving   ② lending   ③ collecting   ④ borrowing

C 다음 문장의 빈칸에 들어갈 알맞은 말을 골라 쓰시오.

for free	gain weight	take a break

1 No one wants to work _____.

2 Students need to _____ between classes.

3 You can _____ if you eat a lot of junk food.

D   우리말과 같은 뜻이 되도록 문장을 완성하시오.

1   Jake는 엄마를 돕기 위해 집을 청소했다.

Jake cleaned the house _____ _____ his mother.

2   Ann은 불어를 배우기 위해 파리에 갔다.

Ann went to Paris _____ _____ French.

3   Kate는 우유를 사기 위해 식료품점에 갔다.

Kate went to the grocery store _____ _____ some milk.

E   다음 (   ) 안에서 알맞은 것을 고르시오.

1   I want to drink (something cold, cold something).

2   Did you notice (different anything, anything different)?

3   I think the man is (important someone, someone important).

4   He always tries to learn (something new, new something).

Writing Practice

F   우리말과 같은 뜻이 되도록 주어진 말을 바르게 배열하시오.

1   시험 전에 반드시 충분한 잠을 자도록 해라. (make, you, sure, sleep, get, enough)

_____ before the exam.

2   그녀는 매일 한 시간 동안 피아노 치는 연습을 했다. (piano, practiced, she, playing, the)

_____ for an hour every day.

3   이번 여름에 David은 살을 빼기로 결심했다. (lose, decided, weight, to, David)

_____ this summer.

4   너는 TV 보는데 시간을 낭비하지 말아야 한다. (waste, watching, time, TV)

You should not _____ .

UNIT **04** / REVIEW TEST

Vocabulary Practice

A 다음 영영풀이에 알맞은 단어를 골라 쓴 후 우리말 뜻을 쓰시오.

shock	wipe	precious	invent
melt	protect	improve	positive

1 to change something hard to a liquid _____ _____

2 to make someone very surprised or upset _____ _____

3 believing that good things will happen _____ _____

4 valuable and important _____ _____

5 to clean or dry something with a cloth _____ _____

6 to create something for the first time _____ _____

7 to keep someone or something safe from danger _____ _____

8 to make something better than now _____ _____

B 밑줄 친 단어와 비슷한 의미의 단어를 고르시오.

1 Across the street, there is a <u>tiny</u> Italian restaurant.
① nice   ② small   ③ huge   ④ cheap

2 They <u>normally</u> have cereal for breakfast.
① never   ② rarely   ③ usually   ④ always

C 다음 문장의 빈칸에 들어갈 알맞은 말을 골라 쓰시오.

dream about	is used to	is covered with

1 Sand _____ make glass.

2 Many people _____ winning lottery.

3 Greenland _____ ice and snow.

D 다음 두 문장의 뜻이 같도록 빈칸을 알맞게 채우시오.

1 I always send my parents Christmas cards.

= I always send Christmas cards _____ _____ _____ .

2 Sam showed me his new cell phone.

= Sam showed _____ _____ _____ _____

_____ me.

3 Ted gave Sera his umbrella.

= Ted gave _____ _____ _____ _____ .

E 다음 문장의 빈칸에 들어갈 알맞은 말을 골라 쓰시오.

one	others	the other

1 I have two caps. _____ is red, and the other is green.

2 Some people like summer, but _____ like winter.

3 John has two books. One is a comic book, and _____ is a novel.

Writing Practice

F 우리말과 같은 뜻이 되도록 주어진 말을 바르게 배열하시오.

1 사람들은 낡은 것을 새 것으로 바꾸는 것을 좋아한다.

(old, with, new, things, replace, ones)

People like to _____ .

2 카멜레온은 자신을 지키기 위해 자신의 색을 바꾼다. (color, changes, its, itself, to, protect)

The chameleon _____ .

3 온라인 쇼핑을 함으로써 당신은 시간과 돈을 모두 절약할 수 있다.

(you, both, time, money, and, save, can)

_____ by shopping online.

4 나의 삼촌은 우리에게 뮤지컬 티켓 두 장을 주셨다. (gave, musical, us, two, tickets)

My uncle _____ .

Vocabulary Practice

A 다음 영영풀이에 알맞은 단어를 골라 쓴 후 우리말 뜻을 쓰시오.

suit	nickname	rarely	masterpiece
welcome	wrong	raise	gentle

1 not correct or right _____ _____

2 not violent or aggressive _____ _____

3 an informal name that your friends or family call you _____ _____

4 a set of clothes made of the same cloth _____ _____

5 to greet someone in a polite and friendly way _____ _____

6 an excellent painting, book, piece of music, etc. _____ _____

7 not often _____ _____

8 to put something in a higher position _____ _____

B 밑줄 친 단어와 비슷한 의미의 단어를 고르시오.

1 During a flight, they <u>serve</u> passengers with food and drinks.

① spill ② bless ③ relax ④ provide

2 The man <u>displayed</u> his paintings at the art gallery in New York.

① sold ② bought ③ showed ④ colored

C 다음 문장의 빈칸에 들어갈 알맞은 말을 골라 쓰시오.

in danger	throw a party	make a mistake

1 If you _____, you can fix it.

2 Will you _____ for your birthday?

3 Some kinds of animals are _____. We need to help them.

D 다음 빈칸에 **should** 또는 **should not** 중 알맞은 말을 쓰시오.

1 Susan looks very sick. She _____ see a doctor.

2 You _____ walk to the station. It is very far from here.

3 Emily wants to lose weight. She _____ exercise more often.

4 Tom cannot sleep well at night. He _____ drink too much coffee.

E 우리말과 같은 뜻이 되도록 ( ) 안의 말을 이용하여 문장을 완성하시오.

1 우리는 이 빵을 바게트라고 부른다. (this bread, a baguette)

_____

2 그들은 그들의 아기를 Jessica라고 이름 지었다. (their baby, Jessica)

_____

3 어떤 사람들은 뉴욕을 Big Apple이라고 부른다. (New York, "the Big Apple")

_____

Writing Practice

F 우리말과 같은 뜻이 되도록 주어진 말을 바르게 배열하시오.

1 그는 학교에 거의 지각하지 않는다. (for, late, is, rarely, school)

He _____.

2 학교는 그에게 상을 주어서는 안 된다. (prize, should, him, give, not, a)

The school _____.

3 음악 감상은 당신이 긴장을 풀 수 있도록 도와줄 수 있다. (help, relax, you, can)

Listening to music _____.

4 마라톤을 완주했을 때, 나는 내 자신이 매우 자랑스러웠다.
(was, I, myself, of, proud, very)

_____ when I finished the marathon.

Vocabulary Practice

A 다음 영영풀이에 알맞은 단어를 골라 쓴 후 우리말 뜻을 쓰시오.

jar	save	valuable	average
biologist	exercise	nervous	countryside

1 the area outside cities with farms and fields _____ _____

2 very useful and important _____ _____

3 worried and anxious _____ _____

4 a glass container for keeping food _____ _____

5 to do a physical activity to improve health _____ _____

6 to use less money, time, or energy _____ _____

7 usual and like the most common type _____ _____

8 a scientist who studies living things _____ _____

B 밑줄 친 단어와 비슷한 의미의 단어를 고르시오.

1 The first class will begin at 9 o'clock.

① end ② keep ③ start ④ break

2 It's not an easy job, but it's very rewarding.

① boring ② exciting ③ difficult ④ worthwhile

C 다음 문장의 빈칸에 들어갈 알맞은 말을 골라 쓰시오.

turn off	take a walk	is short for

1 Let's _____ and enjoy the sun.

2 It's time to go to bed. Please _____ the light.

3 U.S.A. _____ the United States of America.

D 다음 ( ) 안에서 알맞은 것을 고르시오.

1 Your room is dirty. You (have to, don't have to) clean up now.

2 It's sunny. You (have to, don't have to) take an umbrella.

3 Mike is overweight. He (has to, doesn't have to) lose weight.

4 Kate (has to, doesn't have to) wear glasses. She has good eyesight.

E 다음 ( ) 안의 단어를 사용하여 비교급 문장을 완성하시오.

1 I am _____ Jane. (young)

2 The math test was _____ the English test. (difficult)

3 My computer is _____ Tim's computer. (good)

4 This book is _____ that one. (useful)

Writing Practice

F 우리말과 같은 뜻이 되도록 주어진 말을 바르게 배열하시오.

1 그 버스는 30명까지 실을 수 있다. (up, people, can, carry, to, 30)

The bus _____ .

2 SNS에 너무 많은 시간을 보내지 마라. (don't, too, time, spend, on, SNS, much)

_____

3 Tom과 나는 방과 후에 함께 축구를 하곤 했다. (used, soccer, play, together, to)

Tom and I _____ after school.

4 그 학생들은 매주 한 권의 책을 읽는 것을 규칙으로 만들었다. (to, it, a, make, rule, read)

The students _____ a book every week.

Vocabulary Practice

A 다음 영영풀이에 알맞은 단어를 골라 쓴 후 우리말 뜻을 쓰시오.

fur	pouch	fair	disappointed
provide	feed	entertain	landmass

1 a continent or large area of land _____ _____

2 to give food to a person or an animal _____ _____

3 a pocket of skin on the body of an animal _____ _____

4 to help people have an enjoyable time _____ _____

5 the hair that covers the bodies of some animals _____ _____

6 to give something to someone _____ _____

7 unhappy because something you hoped for did not happen _____ _____

8 an event where people or companies show and sell their products _____ _____

B 밑줄 친 단어와 비슷한 의미의 단어를 고르시오.

1 He works as a driver for a <u>wealthy</u> family.
① rich   ② lazy   ③ good   ④ interesting

2 <u>Amazingly</u>, the driver survived the accident.
① sadly   ② happily   ③ suddenly   ④ surprisingly

C 다음 문장의 빈칸에 들어갈 알맞은 말을 골라 쓰시오.

is located	is known as	are related to

1 Victoria in Canada _____ the "City of Gardens."

2 It is known that cats _____ tigers.

3 The library _____ in the center of the city.

[the+최상급·접속사 that]

D 다음 (   ) 안의 단어를 사용하여 최상급 문장을 완성하시오.

1 The Amazon river is _____ river in the world. (long)

2 Summer is _____ season to travel. (good)

3 Lake Baikal is _____ lake in the world. (deep)

4 She is _____ actress of the three. (popular)

E 접속사 that이 들어가야 할 곳에 ✓ 표 하시오.

1 People believe this story is true.

2 The teachers said all students should take a test.

3 I didn't know he was sick yesterday.

4 We think Kate is a good student.

Writing Practice

F 우리말과 같은 뜻이 되도록 주어진 말을 바르게 배열하시오.

1 비타민 C는 우리 몸에서 중요한 역할을 한다. (important, plays, an, role, vitamin C)

_____ in our bodies.

2 균형 잡힌 식사는 당신이 건강을 유지하도록 돕는다. (helps, healthy, you, stay)

A balanced diet _____.

3 Nancy는 일주일에 3일을 운동을 하며 보낸다. (spends, a, three, exercising, week, days)

Nancy _____.

4 내 여동생은 시험 결과를 알고 실망했다. (disappointed, was, to, find out)

My sister _____ her test result.

UNIT **08** / REVIEW TEST

A 다음 영영풀이에 알맞은 단어를 골라 쓴 후 우리말 뜻을 쓰시오.

host	sail	alone	arrive
achieve	critic	truth	exhibition

1 to travel somewhere by boat or ship _____ _____

2 without other people _____ _____

3 someone who invites people to a meal or party _____ _____

4 the real facts about something _____ _____

5 to get to the place you are going to _____ _____

6 to succeed in doing what you planned _____ _____

7 a show of paintings, photographs, or other interesting things _____ _____

8 someone whose job is to give their opinions of a book, play, movie, etc. _____ _____

B 밑줄 친 단어와 비슷한 의미의 단어를 고르시오.

1 It is impolite to ask such a question.

① rude   ② worth   ③ fun   ④ normal

2 How should we deal with this problem?

① hide   ② grow   ③ handle   ④ explain

C 다음 문장의 빈칸에 들어갈 알맞은 말을 골라 쓰시오.

sets sail	at the age of	tell the difference

1 Next week, the ship _____ for Cuba.

2 She finished middle school _____ 10.

3 Honestly, I cannot _____ between these two colors.

D 다음 문장을 가주어 **it**을 이용한 문장으로 바꿔 쓰시오.

1 To go to a movie is exciting.

→ _____

2 To keep the promises is important.

→ _____

3 To understand this sentence is very difficult.

→ _____

E 우리말과 같은 뜻이 되도록 (   ) 안의 말을 이용하여 문장을 완성하시오.

1 나는 어제 저녁 7시에 숙제를 하고 있었다. (do my homework)

I _____ _____ _____ _____ at 7 p.m. yesterday.

2 우리는 어제 이 시간에 저녁식사를 하고 있었다. (have dinner)

We _____ _____ _____ at this time yesterday.

3 Jack과 Noel은 통화를 하고 있었다. (talk on the phone)

Jack and Noel _____ _____ _____ _____ _____ .

Writing Practice

F 우리말과 같은 뜻이 되도록 주어진 말을 바르게 배열하시오.

1 수천 명의 사람들이 시청 앞에 서 있다. (people, thousands, standing, of, are)

_____ in front of the city hall.

2 그는 이 질문을 물어볼 가장 적당한 사람이다. (to, this, ask, best, question, the, person)

He is _____ .

3 모두가 그 새로 온 학생과 친구가 되길 원한다. (student, friends, become, with, new, the)

Everyone wants to _____ .

4 부모들은 그들의 자녀들에게 안전벨트를 매도록 가르쳐야 한다.

(to, their, seat belts, children, teach, wear)

Parents should _____ .

MEMO